最新法律文件解读丛书

行政与执行法律文件解读

XINGZHENG YU ZHIXING FALU WENJIAN JIEDU

人民法院出版社　编

总第200辑　2021.08

人民法院出版社

图书在版编目(CIP)数据

行政与执行法律文件解读. 总第200辑 / 人民法院出版社编. -- 北京 : 人民法院出版社，2021.9
（最新法律文件解读丛书）
ISBN 978-7-5109-3299-1

Ⅰ.①行… Ⅱ.①人… Ⅲ.①行政法—法律解释—中国 Ⅳ.①D922.105

中国版本图书馆CIP数据核字(2021）第196772号

行政与执行法律文件解读·总第200辑
人民法院出版社 编

责任编辑 张 奎
出版发行 人民法院出版社
地　　址 北京市东城区东交民巷27号 邮编 100745
电　　话 (010) 67550673（责任编辑） 67550558（发行部查询）
65223677（读者服务部）
客服QQ 2092078039
网　　址 http://www.courtbook.com.cn
E-mail courtbook@sina.com
印　　刷 三河市国英印务有限公司
经　　销 新华书店
开　　本 787毫米×1092毫米 1/16
字　　数 115千字
印　　张 8
版　　次 2021年9月第1版 2021年9月第1次印刷
书　　号 ISBN 978-7-5109-3299-1
定　　价 28.00元

卷首语

2021 年 7 月 14 日，最高人民法院发布《关于为全面推进乡村振兴、加快农业农村现代化提供司法服务和保障的意见》，旨在充分发挥人民法院审判职能作用，为全面推进乡村振兴、加快农业农村现代化提供有力司法服务和保障。该意见强调，要依法审理农村土地“三权分置”纠纷案件，推进完善以家庭承包经营为基础、统分结合的双层经营体制，确保农村土地承包关系稳定并长久不变，维护农民集体、承包农户、经营主体的合法权益；要求各级人民法院要按照国家政策及相关指导意见，区分国家确定的宅基地制度改革试点地区与非试点地区，依法妥善处理纠纷，依法保护当事人权益，助推农村宅基地制度改革；严厉打击破坏土地资源犯罪等行为，确保坚守 18 亿亩耕地红线。

为了加强高层民用建筑消防安全管理，预防火灾和减少火灾危害，应急管理部制定了《高层民用建筑消防安全管理规定》，自 2021 年 8 月 1 日起施行。该规定对高层民用建筑的消防安全职责、消防安全管理、消防宣传教育和灭火疏散预案、法律责任等方面作出了系统性规定。进一步完善了我国消防法律法规体系，对防范化解高层民用建筑重大安全风险、落实各方消防安全责任、提升消防安全管理水平、预防火灾和减少火灾危害，最大限度地保护人民群众生命财产安全具有重要意义。

“实务问题解答”栏目，针对司法实践中的行政审判、执行等实务问题给出参考意见。本辑收录了“债权人能否依据确认之诉的判决申请强制执行”相关问题的解答，以期对基层执法实践中处理类似问题有所裨益。

目录

司法解释、司法指导性文件与解读

部门规章、规章性文件与解读

实务问题解答

新类型疑难案例选评

司法解释、司法指导性文件与解读

最高人民法院

关于为全面推进乡村振兴加快农业农村现代化提供司法服务和保障的意见

2021 年 7 月 14 日　　法发〔2021〕23 号

为深入贯彻习近平总书记在中央农村工作会议以及在庆祝中国共产党成立 100 周年大会上的重要讲话精神，全面贯彻党的十九大和十九届二中、三中、四中、五中全会精神，全面贯彻落实《中共中央国务院关于全面推进乡村振兴加快农业农村现代化的意见》《中共中央国务院关于实现巩固拓展脱贫攻坚成果同乡村振兴有效衔接的意见》，充分发挥人民法院审判职能作用，为全面推进乡村振兴、加快农业农村现代化提供有力司法服务和保障，提出如下意见。

一、统一思想认识，准确把握为全面推进乡村振兴、加快农业农村现代化提供司法服务的总体要求

1. 正确把握为全面推进乡村振兴、加快农业农村现代化提供司法服务的指导思想。全面推进乡村振兴、加快农业农村现代化是以习近平同志为核心的党中央作出的重大战略部署。各级人民法院要坚持以习近平新时代中国特色社会主义思想为指导，深入贯彻习近平总书记在中央农村工作会议上重要讲话精神，全面贯彻党的十九大和十九届二中、三中、四中、五中全会精神，贯彻落实中央农村工作会议精神，增强“四个意识”、坚定“四个自信”、做到“两个维护”，立足新发展阶段，完整、准确、全面贯彻新发展理念，构建新发展格局，推动高质量发展，坚持稳中求进工作总基调，坚持加强党对“三农”工作的全面领导，坚持农业农村优先发展，为全面建设社会主义现代化国家开好局、起好步提供有力司法服务和保障。

2. 深刻认识为全面推进乡村振兴、加快农业农村现代化提供司法服务的重大意义。党的十八大以来，以习近平同志为核心的党中央坚持把解决好“三农”问题作为全党工作的重中之重。在向全面建成社会主义现代化强国的第二个百年奋斗目标迈进的历史关口，巩固和拓展脱贫攻坚成果，全面推进乡村振兴，加快农业农村现代化，是关系大局的重大问题。各级人民法院要充分认识新发展阶段做好“三农”工作的重要性和紧迫性，坚持把司法服务和保障“三农”问题作为工作重中之重，采取切实有力措施推动乡村振兴，促进农业高质高效、乡村宜居宜业、农民富裕富足。

3. 精准对接为全面推进乡村振兴、加快农业农村现代化提供司法服务的目标任务。“十四五”时期，我国将进入新发展阶段。各级人民法院要建立健全上下贯通、一抓到底的工作体系，围绕目标任务，压实责任，督促检查，将服务巩固拓展脱贫攻坚成果纳入审判执行的总体工作之中，推动人民法院服务和保障全面推进乡村振兴、加快农业农村现代化各项政策举措落实落地。

二、稳固农业发展基础，促进农业高质高效

4. 依法惩处涉重要农产品违法犯罪行为，推进实施重要农产品保障战略。坚持依法严惩方针，从严从快惩处走私大米、玉米、食糖等农

产品犯罪行为，保持打击重要农产品走私犯罪活动高压态势，保障人民群众食品卫生安全和农产品质量安全。严厉打击超剂量超范围用药、违规使用原料药、不执行间隔期休药期等违法行为，加强行政执法和刑事司法的有效衔接，推动农药兽药残留治理工作，保障人民群众“舌尖上的安全”。持续推进惩治制售假种子、假化肥、假农药等伪劣农资犯罪行为，保障粮食和重要农产品供应安全，保护农业生产经营秩序，助推质量兴农。

5. 落实最严格的耕地保护制度，确保国家粮食安全。严厉打击破坏土地资源犯罪行为，依法认定违法占用耕地建房等合同无效，支持行政机关依法开展土地行政执法工作。积极配合有关部门推进农村乱占耕地建房专项整治行动，加大对涉及乱占耕地建房违法行为的生效裁判和行政处罚决定中金钱给付义务的强制执行力度，坚决遏制耕地“非农化”，防止“非粮化”。综合发挥刑事、民事、行政等审判职能作用，推进耕地污染管控，坚守18亿亩耕地红线。

6. 依法审理农村土地承包经营案件，推进现代农业发展。按照“落实集体所有权、稳定农户承包权、放活土地经营权”要求，依法审理农村土地“三权分置”纠纷案件，推进完善以家庭承包经营为基础、统分结合的双层经营体制，确保农村土地承包关系稳定并长久不变，维护农民集体、承包农户、经营主体的合法权益。依法审理涉土地经营权抵押权以及土地经营权流转合同等纠纷案件，保障农村土地经营权有序流转，推动家庭农场培育和农民合作社质量提升，助力现代农业经营体系建设。

7. 加大涉农知识产权司法保护力度，推动农业科技进步和创新。加强涉农知识产权案件审判工作，加大对种源“卡脖子”农业关键核心技术等知识产权司法保护力度，激发创新活力，推动农业科技自立自强。依法审理侵害植物新品种权纠纷案件，秉持有利于权利保护的司法理念，扩大育种创新成果法律保护范围，通过司法手段推动育种创新。

加强种业知识产权保护，强化与相关部门的沟通协作，推动司法保护和行政保护有效衔接，推进高质效合作。加大对“南繁硅谷”种业知识产权司法保护力度，推动制种基地和良种繁育体系建设，助推品种培优、品质提升、品牌打造和标准化生产，增强种业自主创新的内在动力。

8. 加强农业生态环境司法保护，推进农业绿色发展。坚持生态优先、绿色发展理念，充分发挥生态环境保护的引领和倒逼作用，推进荒漠化、石漠化、坡耕地水土流失综合治理、农业面源污染治理、重点区域地下水保护与超采治理，加大黑土地司法保护力度，以持续改善环境质量促进农村经济社会发展全面绿色转型。加大对涉农环境污染、生态破坏违法犯罪行为的惩处力度，确保保护生态环境“最严密的法治”有效实施，维护农业生态安全。依法审理涉农村地区环境污染、生态破坏责任纠纷以及民事、行政公益诉讼案件，坚守“绿水青山就是金山银山”理念，强化环境治理与生态修复工作，探索多样化责任承担方式。依法审理长江、黄河等重点水域禁捕案件，充分发挥流域司法协作效能，持续推进大江、大河生态环境整体保护和系统治理。

三、助力乡村建设行动，打造宜居宜业美丽乡村

9. 贯彻落实总体国家安全观，促进乡村和谐稳定。持续推进农村地区扫黑除恶斗争常态化，依法严惩宗族恶势力和“村霸”“市霸”“行霸”“路霸”等农村黑恶势力，不断增强人民群众安全感。依法惩处侵害农村留守儿童、妇女和老年人以及残疾人、困境儿童合法权益犯罪行为，加大对农村留守儿童、妇女和老年人以及残疾人、困境儿童等特殊弱势群体的司法保护力度，加强对农村留守儿童、妇女和老年人以及残疾人、困境儿童的关爱服务。加大对农村非法宗教活动和境外渗透活动的惩处力度，严厉打击组织和利用邪教组织犯罪，防止邪教向农村渗透。协同有关部门建立健全农村应急管理工作机制，依法制止利用宗

教、邪教干预农村公共事务，促进稳固农村基层政权。

10. 服务打好污染防治攻坚战，推进农村人居环境整治提升。围绕打好污染防治攻坚战总体目标，依法履职尽责，支持农村地区推进生活垃圾治理专项行动，推进农村人居环境整治。针对农村地区污水、黑臭水体、垃圾污染等群众反映强烈的突出问题，依法公正高效审理相关案件，运用司法手段推动改善生态环境质量，助力推进村庄清洁和绿化行动。

11. 妥善审理涉农村地区基础设施建设纠纷案件，助推补齐农村发展短板弱项。依法审理涉农村地区高速公路、客货共线铁路、水利、电力、机场、通讯网络等重大基础设施建设工程纠纷案件，持续推进改善农村地区基础设施条件。依法审理涉农村资源路、产业路、旅游路等建设纠纷案件，持续推进“四好农村路”建设。依法审理农村地区农产品和食品仓储保鲜、冷链物流设施建设纠纷案件，支持乡村特色产业发展壮大。

12. 加大对农村地区历史文化遗产的司法保护力度，推进优秀历史文化传承。依法审理破坏历史文化名镇名村、文物、历史建筑以及传统村落、传统民居等农村物质文化遗产案件，加大对农村物质文化遗产的司法保护力度。综合运用多种手段，助推农村非物质文化遗产的传承和开发利用。

13. 助推农村要素市场化配置改革，激发乡村发展内生动力。审慎审理集体经营性建设用地纠纷案件，推动探索实施农村集体经营性建设用地入市制度，助推土地要素市场化配置，推进农村土地制度改革。按照国家政策及相关指导意见，区分国家确定的宅基地制度改革试点地区与非试点地区，依法妥善处理宅基地使用权因抵押担保、转让产生的纠纷，依法保护当事人权益，助推农村宅基地制度改革。进一步推进劳动人事争议调解仲裁与诉讼衔接，妥善审理涉农民工劳动争议案件，支持劳动力等要素市场化配置，引导劳动力要素合理畅通有序流动，推动完善要素交易规则。

14. 发挥司法裁判规则引领和价值导向作用，促进乡风文明。以贯彻民法典为契机，加强裁判文书说理，深入推进社会主义核心价值观融入裁判文书释法说理，推动社会主义核心价值观转化为人民群众的情感认同和行为习惯。贯彻《新时代公民道德建设实施纲要》，坚持把社会主义核心价值观融入司法工作，用群众喜闻乐见的方式，加强以案释法和法治宣传，以法治大力弘扬真善美、打击假恶丑，实现法安天下、德润民心。

四、落实惠农富农政策，保障农民富裕富足

15. 依法惩处涉农业投资和农业补贴犯罪行为，确保惠农富农政策落地见效。严厉打击侵占、挪用、贪污农业投资资金犯罪行为，促进涉农资金的管理和规范使用，确保农业投资有效利用。依法惩处截留、挤占农业补贴犯罪行为，确保农业支持政策落到实处，切实保障农业补贴真正惠及农民。依法惩处集体资产管理、土地征收等领域违法犯罪行为，推动开展农村基层微腐败整治，不断提升农民群众幸福感。

16. 积极开展根治欠薪专项行动，依法保护农民工合法权益。加大脱贫地区公共基础建设欠薪案件的审执力度，特别是脱贫地区以工代赈基础设施建设领域欠薪案件的审执力度，切实提高根治拖欠农民工工资工作质效。加大对劳动密集型加工制造等行业农民工权益保护力度，保持治理欠薪高压态势，进一步加强劳动保障监察执法与刑事司法衔接配合工作，依法公正审理拒不支付劳动报酬刑事犯罪案件，切实保障农民工合法权益。

17. 依法保障进城落户农民合法权益，不断提升农民群体获得感、幸福感。依法保护进城农户的土地承包经营权、宅基地使用权、集体收益分配权。对于承包农户进城落户的，人民法院可通过司法手段支持保护其按自愿有偿原则依法在本集体经济组织内转让土地承包经营权，或

者将承包地退还给集体经济组织。

18. 加大民生案件审执力度，切实保障农民基本生活。加大对追索劳动报酬、赡养费、扶养费、抚育费、抚恤金、医疗费用、交通事故人身损害赔偿、工伤保险待遇等案件审执力度，切实维护农民生存生活基本权益。对于被执行人确无履行能力、申请执行人面临生存生活困难的执行案件，充分利用司法救助资金，及时对符合救助条件的申请执行人进行司法救助。

五、坚持强基导向，积极服务全面推进乡村振兴和基层治理

19. 增加乡村地区司法资源供给，不断强化人民法庭建设。认真贯彻第四次全国人民法庭工作会议精神，把强化人民法庭建设、服务全面推进乡村振兴和基层治理作为一项长期工作抓紧抓实，推动人民法庭工作实现新发展，促进构建基层治理新格局。坚持强基导向，改革和优化人民法庭布局，围绕矛盾纠纷特点因地制宜设立特色巡回法庭，为解决“三农”纠纷提供更加精准化、精细化的司法服务。完善人民法庭巡回审理制度，合理设置巡回办案点和诉讼服务点，做好巡回审判工作，最大限度减少群众诉累。充分发挥人民法庭职能作用，紧扣市域、县域治理需求，积极参与基层治理，实现人民安居乐业、社会安定有序、国家长治久安。

20. 加强对各类调解组织的指导，有效提升基层治理水平。不断加强与公安、司法、劳动人事争议调解仲裁、农村土地承包仲裁、人民调解委员会等其他基层国家机关、基层群众自治组织、行业调解组织等的协同配合，按照“不缺位、不越位、不错位”的原则，切实履行指导人民调解工作的法定职责，积极做好司法确认等诉讼与非诉讼矛盾纠纷解决机制的衔接工作。加强对各类调解组织的指导，进一步推进制度化、规范化建设，不断提升调解的工作质效，积极提升基层治理法治化水平。

21. 注重矛盾纠纷多元化解，切实把矛盾解决在萌芽状态。坚持把非诉讼纠纷解决机制挺在前面，积极推动矛盾纠纷源头预防化解。坚持和发展新时代“枫桥经验”，加强与基层党组织、政法单位、基层群众自治组织的对接，推动形成工作合力，最大限度将矛盾化解在基层。积极发挥一站式诉讼服务中心解纷功能，推动家事纠纷、相邻关系、交通事故、医疗纠纷、消费者权益保护等纠纷案件通过调解、仲裁等方式一站式化解。推进人民法庭进乡村、进社区、进网格工作，依托人民法院调解平台，通过“引进来”“走出去”，构建分层递进源头预防化解矛盾纠纷路径，推动矛盾纠纷就地发现、就地调处、就地化解。探索建立以人民法庭为支点，精准对接村委会等乡村社会基层治理力量的矛盾纠纷基层预防治理机制，进一步优化人民法院信息化平台各项功能，建立乡村基层矛盾纠纷采集、处理、反馈全程网上流转机制，提升信息化平台解纷实效。

22. 加强农村法治宣传教育，营造良好乡村建设法治环境。加大以案普法、以案释法力度，深入宣传与农民群众密切相关的法律法规，推动形成“办事依法、遇事找法”的行为自觉。充分利用“12·4”国家宪法日、宪法宣传周等时间节点和农贸会、庙会等，组织开展法治宣传教育活动，促进农民群众“学法、信法、用法”。推动法治文化与民俗文化、乡土文化的有机融合，创作具有乡土文化特色、群众喜闻乐见的法治文化作品，助力开展群众性法治文化活动，积极推进法治乡村建设。

六、深化改革创新，持续完善服务“三农”工作机制

23. 坚持有序调整、平稳过渡原则，推动服务巩固拓展脱贫攻坚成果同乡村振兴政策的有效衔接。围绕接续推进脱贫地区发展和乡村全面振兴，扎实推进服务政策衔接，确保工作不留空档，增强服务保障政策稳定性。根据形势任务变化，合理把握节奏、力度，出台、优化服务保

障举措，确保政策不留空白。精准对接脱贫地区人民群众司法需求，逐步实现从“两不愁三保障”转向乡村产业兴旺、生态宜居、乡风文明、治理有效、生活富裕服务举措的转变。

24. 更加注重系统观念，不断提升服务工作质效。把系统观念贯彻服务全面推进乡村振兴、加快农业农村现代化全过程，聚焦目标任务，加强前瞻性思考、全局性谋划、整体性推进，着力补短板、强弱项，不断推动人民法院服务保障工作质效。聚焦服务脱贫地区巩固拓展脱贫攻坚成果和乡村振兴目标任务，紧盯解决突出矛盾和问题，加强服务举措创新充分联动和衔接配套，切实提升服务综合效能。

25. 坚持问题导向，积极完善便民惠民司法举措。按照《全国人民代表大会常务委员会关于授权最高人民法院在部分地区开展民事诉讼程序繁简分流改革试点工作的决定》和《最高人民法院关于印发〈民事诉讼程序繁简分流改革试点实施办法〉的通知》要求，试点地区人民法院就涉农纠纷要积极优化司法确认程序、小额诉讼程序和简易程序，健全审判组织模式，探索推行电子诉讼在线审理机制，有效降低当事人诉讼成本，促进司法效率提升。坚持群众需求导向，不断升级一站式诉讼服务中心，使诉讼服务向农村延伸、向网上延伸，为当事人提供“一站通办、一网通办、一号通办、一次通办”便捷高效、智能精准的诉讼服务。加大一站式诉讼服务中心建设，让当事人到一个场所、一个平台就能一站式办理全部诉讼事项。

26. 全面深化智慧法院建设，以科技赋能人民法院服务“三农”工作。充分利用“十四五”时期网络强国、数字中国建设重大机遇，积极探索运用大数据、区块链等技术为司法工作提供强大技术支撑，加强服务乡村公共服务、基层治理等举措的数字化、智能化建设，提升司法工作的信息化、智能化水平。构建系统完备的在线诉讼规则体系，推动办案全流程在线支持、全过程智能辅助、全方位信息公开，提高司法解决涉农纠纷的便捷性、高效性、透明度。加快推进审判体系和审判能力现代化，不断提升人民法院服务全面推进乡村振兴、加快农业农村现代化的能力水平。

最高人民法院民一庭负责人就《关于为全面推进乡村振兴、加快农业农村现代化提供司法服务和保障的意见》答记者问

2021年7月，最高人民法院发布《关于为全面推进乡村振兴、加快农业农村现代化提供司法服务和保障的意见》（以下简称《意见》）。最高人民法院民一庭负责人就《意见》回答记者提问。

问：我们注意到，自从党的十九大明确提出乡村振兴战略后，最高人民法院连续出台多部司法服务和保障意见，能否介绍一下它们之间的关系？

答：大家知道，党的十九大提出实施乡村振兴战略后，党中央连续出台政策文件，制定发展规划，稳步推进乡村振兴战略实施。为使党中央重大决策部署在人民法院落实落地，最高人民法院相继出台《关于为实施乡村振兴战略提供司法服务和保障的意见》《关于为抓好“三农”领域重点工作、确保如期实现全面小康提供司法服务和保障的意见》以及本《意见》等司法政策，它们之间既存在密切联系，又存在一定的不同。

一方面，前述三个司法文件的政策功能具有一致性，都是贯彻落实党中央关于“三农”工作决策部署，充分发挥人民法院审判职能作用，为推进乡村振兴提供有力司法服务而出台的系列政策组合拳和服务举措。但是，三个司法政策文件强调的重点存在一定不同。《关于为实施乡村振兴战略提供司法服务和保障的意见》聚焦2020年至2050年不同阶段的目标，对人民法院发挥审判职能作用提供司法服务和保障进行了部署，既着眼解决当前人民法院服务和保障实施乡村振兴战略所面临的突出问题，服务和保障实施乡村振兴战略的近期任务，也着眼于“三农”长远发展，服务和保障中远期目标的实现，是人民法院服务实施乡村振兴战略的纲领性司法政策，是新时代人民法院服务“三农”工作的总抓手。《关于为抓好“三农”领域重点工作、确保如期实现全面小康提供司法服务和保障的意见》，聚焦于2020年是全面建成小康社会目标实现之年、全面打赢脱贫攻坚战收官之年的两大目标任务，为在常态化疫情防控中抓好“三农”领域重点工作，确保如期实现全面小康提供司法服务制定的政策。而《意见》则是根据党中央对新发展阶段优先发展农业农村、全面推进乡村振兴的总体部署，围绕促进农业高质高效、乡村宜居宜业、农民富裕富足的目标任务，为实现农业强、农村美、农民富而制定的司法政策。概括来讲，一个锚定方向坐标，一个聚焦重点工作，一个服务总体部署，三者既一脉相承，又各有侧重，共同构成了人民法院贯彻落实党中央重大决策部署、司法服务“三农”工作的规范体系。

问：能否结合召开的全国高级法院院长会议的情况，介绍一下人民法庭在服务和保障全面推进乡村振兴、加快农业农村现代化方面有哪些作用？

答：2021年7月召开的全国高级法院院长座谈会，主题就是推动新时代人民法庭工作高质量发展，更好服务全面推进乡村振兴，服务基层社会治理。近年来，全国人民法庭立足法定职责，发挥审判职能作

用，为抗疫斗争取得重大战略成果提供有力司法服务，为脱贫攻坚战取得全面胜利提供有效司法保障，在决胜全面建成小康社会、实现第一个百年奋斗目标进程中展现司法担当。据统计，2018年至2020年，全国人民法庭共受理案件1270万件、审结1259万件，占同期全国基层法院收结案的四分之一。新形势下，人民法庭将紧扣“三农”工作重心从脱贫攻坚历史性转移到全面推进乡村振兴后的新任务新要求，以司法手段服务巩固拓展脱贫攻坚成果、全面推进乡村振兴、加快农业农村现代化。

一是服务乡村产业振兴。乡村要振兴，产业是支撑。妥善处理涉“三农”领域传统纠纷以及休闲农业、乡村旅游、民宿经济、健康养老等新业态纠纷，促进农村产业融合发展。深入贯彻粮食安全战略，积极参加保护种业知识产权专项行动，依法服务种业科技自立自强、种源自主可控，助推种业振兴。依法妥善处理涉及农业农村发展要素保障、城乡经济循环、征用征收等案件，保障农业农村改革，促进农业产业发展。

二是维护农民合法权益。依法妥善处理涉村民自治纠纷案件，保障农民民主权利和其他合法权益。依法妥善审理涉及农村土地“三权分置”、乡村产业发展等纠纷，让农民更多分享产业增值收益。依法保障进城落户农民农村土地承包权、宅基地使用权、集体收益分配权，促进在城镇稳定就业生活的农民自愿有序进城落户。推动落实城乡劳动者平等就业、同工同酬，依法保障农民工工资支付和相关权益。

三是推动乡村文明进步。推进农村法治和德治建设。妥善处理乡村家事、邻里纠纷，推动这类矛盾纠纷的实质性化解和源头化解，依法治理高价彩礼、干预婚姻自由、虐待遗弃家庭成员、封建迷信等不良习气，培育和弘扬社会主义核心价值观；依法保护农业文化遗产和非物质文化遗产，加强保护历史文化名镇名村、传统村落和乡村风貌，促进特色鲜明、优势突出的乡村文化产业发展；立足职能引导村规民约制定，

推进移风易俗，推动创建文明村镇、文明家庭，建设文明乡村。

四是保护农村生态环境。保护生态环境就是保护生产力。通过依法妥善审理环境资源案件，建立健全与环境主管部门的执法协调联动机制，助推农业生产方式由过度消耗资源型向节能减排绿色发展型转变，推动国土综合整治和生态修复，促进经济社会发展全面绿色转型，改善乡村生态环境。

问：能否介绍一下，针对农民较为关心的农村承包地、宅基地等热点问题，人民法院采取了哪些具体举措？

答：土地是广大农民群众赖以生存的根本，是广大人民群众的命根子。党中央、国务院高度重视农村土地制度改革，把实现好、维护好、发展好广大农民群众的根本利益作为深化农村改革的出发点和落脚点，切实保障农民权益。最高人民法院按照“落实集体所有权、稳定农户承包权、放活土地经营权”的要求，落实落细党中央关于解决土地问题的方针政策，依法保护广大农民群众的权益。

首先，《意见》强调，要依法审理农村土地“三权分置”纠纷案件，推进完善以家庭承包经营为基础、统分结合的双层经营体制，确保农村土地承包关系稳定并长久不变，维护农民集体、承包农户、经营主体的合法权益。要依法审理涉土地经营权抵押权以及土地经营权流转合同等纠纷案件，保障农村土地经营权有序流转。同时，也强调依法保护进城农户的土地承包经营权、宅基地使用权、集体收益分配权，督促行政机关不得以退出土地承包经营权等作为农户进城落户的条件。承包农户进城落户的，通过司法手段支持保护其按自愿有偿原则依法在本集体经济组织内转让土地承包经营权或将承包地退还集体经济组织。

其次，2020 年党中央开展了为期两年的新一轮农村宅基地制度改革试点。为保障新一轮农村宅基地制度改革试点顺利推进，《意见》要求，各级人民法院要按照国家政策及相关指导意见，区分国家确定的宅基地制度改革试点地区与非试点地区，依法妥善处理宅基地使用权因抵押担保、转让产生的纠纷，依法保护当事人权益，助推农村宅基地制度改革。

最后，为保护国家耕地资源，依法遏制乱占耕地的行为，《意见》要求，严厉打击破坏土地资源犯罪行为，依法认定违法占用耕地建房等合同无效，支持行政机关依法开展土地行政执法。积极配合有关部门推进农村乱占耕地建房专项整治行动，加大对涉及乱占耕地建房违法行为的生效裁判和行政处罚决定中金钱给付义务的强制执行力度，坚决遏制耕地“非农化”，防止“非粮化”，确保坚守18亿亩耕地红线。

（来源：人民法院新闻传媒总社）

最高人民法院办公厅　中国证券监督管理委员会办公厅

关于建立“总对总”证券期货纠纷在线诉调对接机制的通知

2021年8月20日　　　　法办〔2021〕313号

各省、自治区、直辖市高级人民法院，解放军军事法院，新疆维吾尔自治区高级人民法院生产建设兵团分院；中国证券监督管理委员会各派出机构，各交易所，各下属单位，各协会：

为深入贯彻党中央关于建立共建共治共享社会治理格局的重大决策部署，进一步落实最高人民法院、中国证券监督管理委员会联合印发的

《关于全面推进证券期货纠纷多元化解机制建设的意见》（法〔2018〕305号）要求，最高人民法院、中国证券监督管理委员会（以下简称中国证监会）决定建立“总对总”在线诉调对接机制，全面推进证券期货纠纷多元化解工作。现将有关事项通知如下。

一、指导思想

坚持以习近平新时代中国特色社会主义思想为指导，全面贯彻党的十九大和十九届二中、三中、四中、五中全会精神，深入落实党中央、国务院关于强化投资者合法权益保护和完善矛盾纠纷多元化解机制的决策部署，切实发挥证券监管部门在解决证券期货纠纷中的指导协调作用，以及人民法院在多元化纠纷解决机制改革中的引领、推动、保障作用，建立健全证券期货纠纷在线诉调对接机制，全面推进证券期货纠纷多元化解工作，不断满足证券期货投资者多元纠纷解决需求。

二、基本原则

（一）依法公正原则。证券期货纠纷多元化解工作不得违反法律基本原则，不得损害国家利益、社会公共利益和第三人合法权益。

（二）高效便民原则。根据证券期货纠纷特点，灵活确定解纷方式，强化信息技术应用，提升解纷效率，降低投资者解纷成本。

（三）调解自愿原则。充分尊重各方当事人意愿，保障投资者依法行使民事权利和诉讼权利。

三、工作目标

坚持把非诉讼纠纷解决机制挺在前面，充分发挥调解在化解证券期货领域矛盾纠纷中的重要作用，建立有机衔接、协调联动、高效便捷的证券期货纠纷在线诉调对接工作机制，依法及时高效化解大量证券期货纠纷。

四、工作内容

（一）建立“总对总”在线诉调对接机制。最高人民法院与中国证监会共同建立“总对总”在线诉调对接机制，即“人民法院调解平台”（以下简称调解平台）与“中国投资者网证券期货纠纷在线调解平台”（以下简称投资者网平台），通过平台对接方式开展全流程在线调解、在线申请司法确认或出具调解书等诉调对接工作，全面提升证券期货纠纷调解工作的质量和效率。

（二）职责分工。最高人民法院立案庭负责在线诉调对接工作的统筹推进，宣传引导当事人运用调解平台化解证券期货纠纷，对证券期货纠纷调解员开展技术系统培训指导，调解平台的研发运维等；最高人民法院民事审判第二庭负责在线诉调对接工作具体业务流程指导，对证券期货纠纷调解员开展业务培训等。

中国证监会投资者保护局负责统筹证券期货纠纷调解机制建设，制定证券期货纠纷调解政策规范，建立调解组织和调解员名册及相关管理制度，指导调解组织和调解员开展在线调解和诉调对接工作等。中证中小投资者服务中心有限责任公司（以下简称投资者服务中心）负责投资者网平台的日常运行、安全防护和升级优化等工作。

各级人民法院在“总对总”诉调对接机制框架下，积极与中国证监会相关派出机构、会管单位开展诉调对接工作，将符合条件的证券期货调解组织和调解员纳入本院特邀调解名册，引导当事人自愿选择调解方式化解证券期货纠纷，开展委派、委托调解工作，依法及时在线进行司法确认。

中国证监会各派出机构、相关会管单位在“总对总”在线诉调对接机制框架下，负责与相关人民法院开展诉调对接工作，指导对应的调解组织和调解员入驻投资者网平台，组织调解组织和调解员开展在线调解工作。

（三）调解组织和调解员信息的采集和管理。中国证监会投资者保护局负责定期汇总并更新调解组织和调解员信息。中国证监会各派出机构、相关会管单位指导督促各调解组织负责日常管理和信息维护工作。

（四）特邀调解组织和调解员的确认。根据《最高人民法院关于人民法院特邀调解的规定》，中国证监会投资者保护局将符合特邀调解组织条件的调解组织，中国证监会各派出机构、相关会管单位将对应调解组织中符合特邀调解员条件的调解员，通过调解平台推送到相应的人民法院进行确认。人民法院对于符合条件的调解组织和调解员，应当纳入到本院特邀调解名册中，并在调解平台上予以确认。

最高人民法院立案庭、民事审判第二庭与中国证监会投资者保护局共同推动将最高人民法院和中国证监会共同认定的特邀调解组织和调解员纳入各级人民法院特邀调解名册。

（五）在线诉调对接业务流程。当事人向人民法院提交纠纷调解申请后，人民法院通过调解平台向调解组织委派、委托调解案件；调解组织及调解员登录投资者网平台接受委派、委托，开展调解工作；调解完成后将调解结果录入投资者网平台，由投资者网平台将案件信息回传至调解平台，并告知相关法院。当事人也可以直接通过投资者网平台向相关调解组织提交调解申请。

调解组织接受法院委派、委托调解或自行调解成功的案件，调解员组织双方当事人在线签订调解协议或上传调解协议。鼓励双方当事人自动履行。确有必要的，可就达成的调解协议共同申请在线司法确认或者出具调解书，人民法院将在线进行司法确认或者出具调解书；未调解成功的案件由人民法院依据法律规定进行立案或者继续审理。经调解组织线下调解成功的案件，依法能够进行司法确认的，可通过调解平台进行在线司法确认。

人民法院在委派、委托案件前，应当征求当事人同意，并考虑调解组织的专业领域、规模能力、办理范围等因素。调解组织在收到法院委派、委托调解通知后，应在5个工作日内就是否接受委派、委托调解作出回复。

（六）强化在线音视频调解。调解组织和调解员应当积极使用投资者网平台的音视频调解功能开展在线调解工作。各级人民法院要充分利用法院办案系统和调解平台内外连通的便利条件，落实在线委派、委托调解、调解协议在线司法确认、电子送达等工作，为在线音视频调解提供支持和保障。

五、工作要求

（一）建立联席会议制度。建立由最高人民法院立案庭、民事审判第二庭、中国证监会投资者保护局、投资者服务中心共同参与的联席会议制度，定期通报在线诉调对接工作推广应用情况，分析存在的问题，研究制定下一步工作举措。各地由人民法院立案庭牵头，与相关单位和部门建立工作协调和信息共享机制，从具体工作层面部署落实相关工作要求。

（二）建立健全评估激励体系。最高人民法院和中国证监会根据工作实际分别建立调解组织和调解员绩效评估激励体系，从组织建设情况、矛盾纠纷化解数量、调解成功率等方面科学设定评估内容和评估标准，定期形成调解工作质效分析报告。对参与纠纷化解工作表现突出的调解组织和调解员给予表彰和奖励，引导调解组织和调解员优质高效参与证券期货纠纷多元化解工作。

（三）加强培训指导。最高人民法院立案庭、民事审判第二庭、中国证监会投资者保护局，各级人民法院和中国证监会各派出机构、相关会管单位应当建立多层次联合培训机制，不断提高调解员的职业修养、法律素养、专业知识和调解技能。人民法院要大力支持证券监管部门培育并充实调解力量，广泛吸纳证券专业人士担任调解员，为推进证券期货纠纷多元化解工作提供保障。

（四）重视宣传推广。各级人民法院、证券监管部门要加大宣传力度，通过典型案例、普法教育等方式，提高当事人和社会公众对证券期货纠纷多元化解工作的知晓度和信任度，积极引导当事人通过调解方式解决证券期货纠纷，依法理性维权。

各地在落实推进中的经验做法和困难问题，请及时层报最高人民法院和中国证监会。

最高人民法院行政诉讼法司法解释理解与适用

（第八十九条至第九十条）

最高人民法院行政审判庭

第八十九条　复议决定改变原行政行为错误，人民法院判决撤销复议决定时，可以一并责令复议机关重新作出复议决定或者判决恢复原行政行为的法律效力。

【条文主旨】

本条是关于人民法院撤销改变原行政行为的行政复议决定同时可以判决复议机关重新作出复议决定或者判决恢复原行政行为法律效力的规定。

【起草背景】

《若干解释》第五十三条第一款规定："复议决定维持原具体行政行为的，人民法院判决撤销原具体行政行为，复议决定自然无效。"第二款规定："复议决定改变原具体行政行为错误，人民法院判决撤销复议决定时，应当责令复议机关重新作出复议决定。”上述两款规定分别对复议机关维持原行政行为和复议机关改变原行政行为，两种不同情况下的判决方式作出规定。鉴于2014年行政诉讼法修改后，复议机关维持原行政行为的，复议机关与原行政行为机关为共同被告，《行诉解释》设专章对复议机关作为共同被告相关问题作出规定，对于复议机关维持原行政行为情况下人民法院的审理和判决问题，《行诉解释》第一百三十五条和第一百三十六条作出规定，明确人民法院既要对行政复议决定进行审理和判决，也要对原行政行为进行审理和判决。

本条仅是对《若干解释》第五十三条第二款的修改。即，在复议机关改变原行政行为的情况下，人民法院对复议决定进行审理后，认为复议决定违法判决予以撤销的同时，既可以责令复议机关重新作出复议决定，也可以直接判决恢复原行政行为的法律效力。撤销复议决定同时责令重新作出复议决定，是对原规定的继承；撤销同时判决恢复原行政行为的法律效力，是贯彻行政诉讼法实质化解行政争议目的，对原司法解释规定的完善和发展。

【条文释义】

适用本条规定，应当具备以下几个条件。

一、复议机关改变原行政行为

《行诉解释》第二十二条规定，行政诉讼法第二十六条第二款规定的“复议机关改变原行政行为”，是指复议机关改变原行政行为的处理结果。复议机关改变原行政行为所认定的主要事实和证据、改变原行政行为所适用的规范依据，但未改变原行政行为处理结果的，视为复议机关维持原行政行为。复议机关确认原行政行为无效，属于改变原行政行为。复议机关确认原行政行为违法，属于改变原行政行为，但复议机关以违反法定程序为由确认原行政行为违法的除外。根据上述规定，以下几种情况，属于“复议机关改变原行政行为”：一是复议机关改变原行政行为的处理结果的。但仅是改变主要事实和证据、或者改变法律依据，未改变结果的，不属于“改变”；二是确认原行政行为违法的。但以违反法定程序为由确认原行政行为违法，不撤销保留原行政行为法律效力的除外；三是复议机关认为原行政行为存在“重大且明显违法”，决定确认原行政行为无效的。

《行诉解释》第一百三十三条规定，行政诉讼法第二十六条第二款规定的“复议机关决定维持原行政行为”，包括复议机关驳回复议申请或者复议请求的情形，但以复议申请不符合受理条件为由驳回的除外。根据该条规定，下列情况属于“复议机关决定维持原行政行为”，不属于“复议机关改变原行政行为”，不适用本条规定：一是复议机关决定对原行政行为认定事实、适用法律和处理结果予以全面认可，决定维持原行政行为的；二是复议机关尽管改变原行政行为认定的主要事实和证据，或者改变原行政行为适用法律，甚至因改变适用法律而导致案件定性发生改变，但是没有改变原行政行为处理结果的。

复议机关只是从程序上对复议申请人的复议申请不予受理或者予以驳回，未作出实体处理决定的，既不属于“复议机关决定维持原行政行为”，也不属于“复议机关改变原行政行为”，同样不适用本条规定。

二、人民法院判决撤销改变原行政行为的复议决定

只有在人民法院认为被诉复议决定撤销原行政行为错误，应当判决撤销被诉行政复议决定的情况下，才能够适用本条规定，同时判决复议机关重新作出行政行为或者判决恢复原行政行为的法律效力。

判决撤销被诉行政复议决定的法定条件，适用行政诉讼法第七十条规定，只要行政复议决定存在主要证据不足、适用法律法规错误、违反法定程序、超越职权、滥用职权、明显不当情形之一的，就可以判决撤销。但是，如果行政复议决定违法，撤销将会给国家利益、公共利益造成重大损害，或者只是程序轻微违法，对原告权利不产生实际影响的，

应当依法判决确认违法保留效力的，不适用本条规定。

三、判决撤销复议决定同时，判决重新作出行政行为，或者判决恢复原行政行为的法律效力

（一）同时判决重新作出行政行为的适用条件

在满足撤销复议决定法定条件的同时，如果经审理人民法院认为原行政行为确有违法，复议决定撤销原行政行为同样存在主要证据不足等违法情形，需要复议机关进一步重新作出处理的，人民法院应当判决复议机关重新作出复议决定。

如果一审判决在此情形下只是撤销复议决定，未同时判决复议机关重新作出行政行为的，二审判决应当予以纠正，补充判决复议机关重新作出复议决定；如果生效行政判决未同时判决复议机关重新作出复议决定，复议机关应当事人申请或自行重新作出复议决定的，不违反法律规定，与生效行政判决不冲突。

（二）同时判决恢复原行政行为法律效力判决适用条件

人民法院经审理认为，复议决定撤销原行政行为违法，原行政行为认定事实清楚，主要证据充分，适用法律法规正确，符合法定程序的，人民法院应当在判决撤销被诉复议决定的同时，判决恢复原行政行为的法律效力。

【实务指导】

一、程序上应当将作出原行政行为的机关列为第三人

行政诉讼法第二十九条规定，公民、法人或者其他组织同被诉行政行为有利害关系但没有提起诉讼，或者同案件处理结果有利害关系的，可以作为第三人申请参加诉讼，或者由人民法院通知参加诉讼。复议机关改变原行政行为，原告提起诉讼请求撤销复议决定的，作出原行政行为的行政机关与被诉行政复议决定有利害关系，是必须参加诉讼的第三人，人民法院应当通知其为第三人参加行政诉讼。

作出原行政行为的行政机关作为第三人参加诉讼，有助于人民法院对被诉行政复议决定合法性的审查。通过原行政行为机关向法庭表达其作出的原行政行为的事实根据和法律依据，可以让法庭进一步明了原行政行为与复议决定相关事件的来龙去脉，对被诉行政复议决定的合法性作出正确判断。同时，原行政行为机关在反驳复议决定的同时，实际上也是对原行政行为合法性理由的充分阐述，也有助于人民法院对原行政行为合法性的审查，从而为判决恢复原行政行为的法律效力奠定基础。

二、必须对原行政行为的合法性进行全面审查

本条规定的要义在于，撤销复议决定同时判决复议机关重新作出行政行为，或者判决恢复原行政行为的法律效力。从实际化解行政争议的角度考虑，如果符合法定条件，人民法院更应当选择撤销复议决定同时恢复原行政行为的法律效力；只有在不具备恢复原行政行为法律效力的情况下，才撤销复议决定同时判决复议机关重新作出行政行为。要作出这样的选择，在撤销改变原行政行为复议决定的案件中，人民法院必须对原行政行为的合法性进行审查。审查后，人民法院才能作出选择。

是否只有原行政行为完全合法的情况下人民法院才能判决恢复原行政行为的法律效力？我们认为不是的。如果人民法院经审理认为，原行政行为违法但是撤销将会给国家利益公共利益造成重大损害，或者行政行为程序轻微违法，但对原告权利不产生实际影响，复议机关撤销原行政行为不妥，应当确认违法保留效力，实质化解行政争议的，人民法院可以在判决撤销被诉复议决定的同时，判决确认原行政行为违法，不撤销保留效力。

（郭修江撰写）

第九十条　人民法院判决被告重新作出行政行为，被告重新作出的行政行为与原行政行为的结果相同，但主要事实或者主要理由有改变

的，不属于行政诉讼法第七十一条规定的情形。

人民法院以违反法定程序为由，判决撤销被诉行政行为的，行政机关重新作出行政行为不受行政诉讼法第七十一条规定的限制。

行政机关以同一事实和理由重新作出与原行政行为基本相同的行政行为，人民法院应当根据行政诉讼法第七十条、第七十一条的规定判决撤销或者部分撤销，并根据行政诉讼法第九十六条的规定处理。

【条文主旨】

本条是关于人民法院判决被告重新作出行政行为，对被告重新作出行政行为的基本要求的规定。

【起草背景】

2014 年行政诉讼法第七十一条规定，人民法院判决被告重新作出行政行为的，被告不得以同一的事实和理由作出与原行政行为基本相同的行政行为。该条规定延续了 1989 年行政诉讼法第五十五条的规定，仅仅是对将“具体行政行为”修改为“行政行为”而已。针对实践中如何执行该条规定，《若干解释》第五十四条作出三款解释：“人民法院判决被告重新作出具体行政行为，被告重新作出的具体行政行为与原具体行政行为的结果相同，但主要事实或者主要理由有改变的，不属于行政诉讼法第五十五条规定的情形。”“人民法院以违反法定程序为由，判决撤销被诉具体行政行为的，行政机关重新作出具体行政行为不受行政诉讼法第五十五条规定的限制。”“行政机关以同一事实和理由重新作出与原具体行政行为基本相同的具体行政行为，人民法院应当根据行政诉讼法第五十四条第（二）项、第五十五条的规定判决撤销或者部分撤销，并根据行政诉讼法第六十五条第三款的规定处理。”《行诉解释》第九十条规定与《若干解释》第五十四条规定相比较，亦无实质性修改，只是对与 2014 年修正行政诉讼法相对应的条款作出相应的更正。

【条文释义】

被告重新作出的行政行为是否违反“被告不得以同一的事实和理

由作出与原行政行为基本相同的行政行为”，应当如何判断和处理？可以分为以下三种情况进行分析认定。

一、重新作出的行政行为结果与原行政行为相同，但主要事实或者主要理由有改变的，不属于违反行政诉讼法第七十一条规定的情形

所谓“主要事实或者理由有改变”是指，对作出原行政行为适用法律规范所要求的法律要件事实作出了实质性的改变，或者变更原行政行为适用的法律从而导致案件定性发生改变的。如果重新作出的行政行为仅仅是对不影响案件定性和处理结果的枝节性事实作出改变，这个改变对原行政行为的定性、法律适用和处理结果均不产生实际影响的，属于以同一的事实和理由作出与原行政行为基本相同的行政行为的情形。

认定“主要事实或者理由有改变”还要与生效行政判决相联系。生效行政判决据以撤销原行政行为的主要事实或法律上的理由，行政机关在重新作出行政行为时予以调查清楚，重新作出认定，或者原行政行为适用法律、法规的错误问题，重新作出的行政行为时按照生效行政判决的指引予以纠正，尽管没有改变处理结果，只要与生效行政判决的观点不相抵触，就属于改变了主要事实和理由的情形。

经审理，人民法院认为重新作出的行政为“主要事实或者理由有改变”的，不得依据行政诉讼法第七十一条规定判决撤销该行政行为。

二、违反法定程序撤销重作的例外规定

人民法院生效判决以违反法定程序为由撤销原行政行为，行政机关在重新作出行政行为的过程中补正程序不足，又以同一的事实和理由作出与原行政行为基本相同的行政行为的，不属于违反行政诉讼法第七十一条规定的情形。

仅以“违反法定程序”为由撤销被诉行政行为，属于人民法院对

行政机关依法行政的监督，不涉及利害关系人合法权益保护问题。行政机关重新作出行政行为时，只要补正了原行政行为中的程序违法问题，其他部分不予改变，重新作出的行政行为原则上就是合法的行政行为。因此，在此情形下，行政机关重新作出的行政行为不受“以同一的事实和理由作出与原行政行为基本相同的行政行为”的限制。

三、违反行政诉讼法第七十一条规定的判决和法律责任

严格执行人民法院生效判决是包括行政机关在内的所有国家机关、社会组织和公民必须履行的义务。作为被告的行政机关，如果在人民法院判决撤销被诉行政行为后，行政机关重新作出的行政行为与被撤销的行政行为仍无实质区别，实际上是变相对抗生效判决、拒不履行生效判决的行为。为此，《行诉解释》明确规定：一是要依法判决撤销行政机关重新作出的行政行为；二是要依据行政诉讼法第九十六条关于对行政机关拒不履行人民法院生效判决行为的强制措施的规定，对该行政机关负责人按日处五十元至一百元的罚款。

【实务指导】

一、违反法定程序撤销重作的情形将会越来越少

行政诉讼法第七十四条第一款规定，撤销行政行为将会对国家利益、社会公共利益造成重大损失，或者行政行为程序轻微违法，但对原告权利不产生实际影响的，人民法院应当判决确认被诉行政行为违法，不撤销保留其法律效力。根据该条规定，无论是轻微程序违法，还是严重程序违法，人民法院都应当判决确认被诉行政行为违法不撤销，不应当判决撤销重作。

行政行为轻微程序违法，对原告权利不产生实际影响，没有必要撤销被诉行政行为，根据行政诉讼法七十四条第一款第二项规定，人民法院应当判决确认被诉行政行为违法，不撤销保留其法律效力；行政行为

存在未依法听证、未听取利害关系人陈述、申辩等侵犯当事人重要程序性权利的严重程序违法情形的，行政诉讼过程中已经通过公开开庭审理，给予其充分的陈诉、申辩权利，经审理后人民法院仍然认为被行政行为的处理结果并无不当，对原告实体合法权益不产生实际影响的，判决撤销重作只是增加诉累，造成行政和诉讼程序空转，严重损害国家利益、社会公共利益，人民法院仍然应当判决确认违法不撤销保留效力。

由于行政诉讼法第七十四条第一款规定的存在，今后人民法院仅以违反法定程序为由，判决撤销被诉行政行为责令行政机关重新作出行政行为的情形将越来越少。为此，适用《行诉解释》第九十条第二款规定的机会也会越来越少。

二、违反行政诉讼法七十一条规定的处理程序

行政机关重新作出行政行为，违反行政诉讼法第七十一条规定，人民法院应当依法判决撤销行政机关重新作出的行政行为。根据不告不理的诉讼原则，启动撤销程序仍然需要行政相对人对行政机关重新作出的行政行为依法提起行政诉讼。人民法院依法受理行政相对人的起诉后，经审理查明相关事实，应当判决撤销重新作出的行政行为，并可以对行政机关拒不履行法院生效判决的行为依照行政诉讼法第九十六条规定采取强制措施。人民法院无权主动撤销行政机关重新作出的行政行为。

人民法院也可以根据行政相对人的执行申请，在审查行政判决强制执行申请案件中，对行政机关重新作出的行政行为是否违反行政诉讼第七十一条规定进行审查，认为违反七十一条规定的，可以认定行政机关未履行生效判决指定的重新作出行政行为的义务，并作出限期履行生效判决的裁定。同时，对行政机关拒不履行生效判决义务的行为，可以依照行政诉讼法第九十六条规定采取强制措施。

（郭修江撰写）

部门规章、规章性文件与解读

税务稽查案件办理程序规定

（2021年6月18日国家税务总局2021年度第2次局务会议审议通过
2021年7月12日国家税务总局令第52号公布
自2021年8月11日起施行）

第一章 总 则

第一条 为了贯彻落实中共中央办公厅、国务院办公厅印发的《关于进一步深化税收征管改革的意见》，保障税收法律、行政法规的贯彻实施，规范税务稽查案件办理程序，强化监督制约机制，保护纳税人、扣缴义务人和其他涉税当事人合法权益，根据《中华人民共和国税收征收管理法》（以下简称税收征管法）、《中华人民共和国税收征收管理法实施细则》（以下简称税收征管法实施细则）等法律、行政法规，制定本规定。

第二条 稽查局办理税务稽查案件适用本规定。

第三条 办理税务稽查案件应当以事实为根据，以法律为准绳，坚持公平、公正、公开、效率的原则。

第四条 税务稽查由稽查局依法实施。稽查局主要职责是依法对纳税人、扣缴义务人和其他涉税当事人履行纳税义务、扣缴义务情况及涉税事项进行检查处理，以及围绕检查处理开展的其他相关工作。稽查局具体职责由国家税务总局依照税收征管法、税收征管法实施细则和国家有关规定确定。

第五条 稽查局办理税务稽查案件时，实行选案、检查、审理、执行分工制约原则。

第六条 稽查局应当在税务局向社会公告的范围内实施税务稽查。上级税务机关可以根据案件办理的需要指定管辖。

税收法律、行政法规和国家税务总局规章对税务稽查管辖另有规定的，从其规定。

第七条 税务稽查管辖有争议的，由争议各方本着有利于案件办理的原则逐级协商解决；不能协商一致的，报请共同的上级税务机关决定。

第八条 税务稽查人员具有税收征管法实施细则规定回避情形的，应当回避。

被查对象申请税务稽查人员回避或者税务稽查人员自行申请回避的，由稽查局局长依法决定是否回避。稽查局局长发现税务稽查人员具有规定回避情形的，应当要求其回避。稽查局局长的回避，由税务局局长依法审查决定。

第九条 税务稽查人员对实施税务稽查过程中知悉的国家秘密、商业秘密或者个人隐私、个人信息，应当依法予以保密。

纳税人、扣缴义务人和其他涉税当事人的税收违法行为不属于保密范围。

第十条 税务稽查人员应当遵守工作纪律，恪守职业道德，不得有下列行为：

（一）违反法定程序、超越权限行使职权；

（二）利用职权为自己或者他人牟取利益；

（三）玩忽职守，不履行法定义务；

（四）泄露国家秘密、工作秘密，向被查对象通风报信、泄露案情；

（五）弄虚作假，故意夸大或者隐瞒案情；

（六）接受被查对象的请客送礼等影响公正执行公务的行为；

（七）其他违法违纪行为。

税务稽查人员在执法办案中滥用职权、玩忽职守、徇私舞弊的，依照有关规定严肃处理；涉嫌犯罪的，依法移送司法机关处理。

第十一条 税务稽查案件办理应当通过文字、音像等形式，对案件办理的启动、调查取证、审核、决定、送达、执行等进行全过程记录。

第二章 选 案

第十二条 稽查局应当加强稽查案源管理，全面收集整理案源信息，合理、准确地选择待查对象。案源管理依照国家税务总局有关规定执行。

第十三条 待查对象确定后，经稽查局局长批准实施立案检查。

必要时，依照法律法规的规定，稽查局可以在立案前进行检查。

第十四条 稽查局应当统筹安排检查工作，严格控制对纳税人、扣缴义务人的检查次数。

第三章 检 查

第十五条 检查前，稽查局应当告知被查对象检查时间、需要准备的资料等，但预先通知有碍检查的除外。

检查应当由两名以上具有执法资格的检查人员共同实施，并向被查对象出示税务检查证件、出示或者送达税务检查通知书，告知其权利和义务。

第十六条 检查应当依照法定权限和程序，采取实地检查、调取账簿资料、询问、查询存款账户或者储蓄存款、异地协查等方法。

对采用电子信息系统进行管理和核算的被查对象，检查人员可以要求其打开该电子信息系统，或者提供与原始电子数据、电子信息系统技术资料一致的复制件。被查对象拒不打开或者拒不提供的，经稽查局局长批准，可以采用适当的技术手段对该电子信息系统进行直接检查，或者提取、复制电子数据进行检查，但所采用的技术手段不得破坏该电子信息系统原始电子数据，或者影响该电子信息系统正常运行。

第十七条 检查应当依照法定权限和程序收集证据材料。收集的证据必须经查证属实，并与证明事项相关联。

不得以下列方式收集、获取证据材料：

（一）严重违反法定程序收集；

（二）以违反法律强制性规定的手段获取且侵害他人合法权益；

（三）以利诱、欺诈、胁迫、暴力等手段获取。

第十八条 调取账簿、记账凭证、报表和其他有关资料时，应当向被查对象出具调取账簿资料通知书，并填写调取账簿资料清单交其核对后签章确认。

调取纳税人、扣缴义务人以前会计年度的账簿、记账凭证、报表和其他有关资料的，应当经县以上税务局局长批准，并在 3 个月内完整退还；调取纳税人、扣缴义务人当年的账簿、记账凭证、报表和其他有关资料的，应当经设区的市、自治州以上税务局局长批准，并在 30 日内退还。

退还账簿资料时，应当由被查对象核对调取账簿资料清单，并签章确认。

第十九条 需要提取证据材料原件的，应当向当事人出具提取证据专用收据，由当事人核对后签章确认。对需要退还的证据材料原件，检查结束后应当及时退还，并履行相关签收手续。需要将已开具的纸质发票调出查验时，应当向被查验的单位或者个人开具发票换票证；需要将空白纸质发票调出查验时，应当向被查验的单位或者个人开具调验空白发票收据。经查无问题的，应当及时退还，并履行相关签收手续。

提取证据材料复制件的，应当由当事人或者原件保存单位（个人）在复制件上注明“与原件核对无误”及原件存放地点，并签章。

第二十条 询问应当由两名以上检查人员实施。除在被查对象生产、经营、办公场所询问外，应当向被询问人送达询问通知书。

询问时应当告知被询问人有关权利义务。询问笔录应当交被询问人核对或者向其宣读；询问笔录有修改的，应当由被询问人在改动处捺指印；核对无误后，由被询问人在尾页结束处写明“以上笔录我看过（或者向我宣读过），与我说的相符”，并逐页签章、捺指印。被询问人拒绝在询问笔录上签章、捺指印的，检查人员应当在笔录上注明。

第二十一条 当事人、证人可以采取书面或者口头方式陈述或者提供证言。当事人、证人口头陈述或者提供证言的，检查人员应当以笔录、录音、录像等形式进行记录。笔录可以手写或者使用计算机记录并打印，由当事人或者证人逐页签章、捺指印。

当事人、证人口头提出变更陈述或者证言的，检查人员应当就变更部分重新制作笔录，注明原因，由当事人或者证人逐页签章、捺指印。当事人、证人变更书面陈述或者证言的，变更前的笔录不予退回。

第二十二条 制作录音、录像等视听资料的，应当注明制作方法、制作时间、制作人和证明对象等内容。

调取视听资料时，应当调取有关资料的原始载体；难以调取原始载体的，可以调取复制件，但应当说明复制方法、人员、时间和原件存放处等事项。

对声音资料，应当附有该声音内容的文字记录；对图像资料，应当附有必要的文字说明。

第二十三条　以电子数据的内容证明案件事实的，检查人员可以要求当事人将电子数据打印成纸质资料，在纸质资料上注明数据出处、打印场所、打印时间或者提供时间，注明“与电子数据核对无误”，并由当事人签章。

需要以有形载体形式固定电子数据的，检查人员应当与提供电子数据的个人、单位的法定代表人或者财务负责人或者经单位授权的其他人员一起将电子数据复制到存储介质上并封存，同时在封存包装物上注明制作方法、制作时间、制作人、文件格式及大小等，注明“与原始载体记载的电子数据核对无误”，并由电子数据提供人签章。

收集、提取电子数据，检查人员应当制作现场笔录，注明电子数据的来源、事由、证明目的或者对象，提取时间、地点、方法、过程，原始存储介质的存放地点以及对电子数据存储介质的签封情况等。进行数据压缩的，应当在笔录中注明压缩方法和完整性校验值。

第二十四条　检查人员实地调查取证时，可以制作现场笔录、勘验笔录，对实地调查取证情况予以记录。

制作现场笔录、勘验笔录，应当载明时间、地点和事件等内容，并由检查人员签名和当事人签章。

当事人经通知不到场或者拒绝在现场笔录、勘验笔录上签章的，检查人员应当在笔录上注明原因；如有其他人员在场，可以由其签章证明。

第二十五条　检查人员异地调查取证的，当地税务机关应当予以协助；发函委托相关稽查局调查取证的，必要时可以派人参与受托地稽查局的调查取证，受托地稽查局应当根据协查请求，依照法定权限和程序调查。

需要取得境外资料的，稽查局可以提请国际税收管理部门依照有关规定程序获取。

第二十六条　查询从事生产、经营的纳税人、扣缴义务人存款账户，应当经县以上税务局局长批准，凭检查存款账户许可证明向相关银行或者其他金融机构查询。

查询案件涉嫌人员储蓄存款的，应当经设区的市、自治州以上税务局局长批准，凭检查存款账户许可证明向相关银行或者其他金融机构查询。

第二十七条 被查对象有下列情形之一的，依照税收征管法和税收征管法实施细则有关逃避、拒绝或者以其他方式阻挠税务检查的规定处理：

（一）提供虚假资料，不如实反映情况，或者拒绝提供有关资料的；

（二）拒绝或者阻止税务机关记录、录音、录像、照相和复制与案件有关的情况和资料的；

（三）在检查期间转移、隐匿、销毁有关资料的；

（四）有不依法接受税务检查的其他情形的。

第二十八条 税务机关有根据认为从事生产、经营的纳税人有逃避纳税义务行为，可以在规定的纳税期之前，责令限期缴纳应纳税款；在限期内发现纳税人有明显的转移、隐匿其应纳税的商品、货物以及其他财产或者应纳税收入迹象的，可以责成纳税人提供纳税担保。如果纳税人不能提供纳税担保，经县以上税务局局长批准，可以依法采取税收强制措施。

检查从事生产、经营的纳税人以前纳税期的纳税情况时，发现纳税人有逃避纳税义务行为，并有明显的转移、隐匿其应纳税的商品、货物以及其他财产或者应纳税收入迹象的，经县以上税务局局长批准，可以依法采取税收强制措施。

第二十九条 稽查局采取税收强制措施时，应当向纳税人、扣缴义务人、纳税担保人交付税收强制措施决定书，告知其采取税收强制措施的内容、理由、依据以及依法享有的权利、救济途径，并履行法律、法规规定的其他程序。

采取冻结纳税人在开户银行或者其他金融机构的存款措施时，应当向纳税人开户银行或者其他金融机构交付冻结存款通知书，冻结其相当于应纳税款的存款；并于作出冻结决定之日起 3 个工作日内，向纳税人交付冻结决定书。

采取查封、扣押商品、货物或者其他财产措施时，应当向纳税人、扣缴义务人、纳税担保人当场交付查封、扣押决定书，填写查封商品、货物或者其他财产清单或者出具扣押商品、货物或者其他财产专用收据，由当事人核对后签章。查封清单、扣押收据一式二份，由当事人和稽查局分别保存。

采取查封、扣押有产权证件的动产或者不动产措施时，应当依法向有关单位送达税务协助执行通知书，通知其在查封、扣押期间不再办理该动产或者不动产的过户手续。

第三十条 按照本规定第二十八条第二款采取查封、扣押措施的，期限一般不得超过 6 个月；重大案件有下列情形之一，需要延长期限的，应当报国家税务总局批准：

（一）案情复杂，在查封、扣押期限内确实难以查明案件事实的；

（二）被查对象转移、隐匿、销毁账簿、记账凭证或者其他证据材料的；

（三）被查对象拒不提供相关情况或者以其他方式拒绝、阻挠检查的；

（四）解除查封、扣押措施可能使纳税人转移、隐匿、损毁或者违法处置财产，从而导致税款无法追缴的。

除前款规定情形外采取查封、扣押、冻结措施的，期限不得超过 30 日；情况复杂的，经县以上税务局局长批准，可以延长，但是延长期限不得超过 30 日。

第三十一条 有下列情形之一的，应当依法及时解除税收强制措施：

（一）纳税人已按履行期限缴纳税款、扣缴义务人已按履行期限解缴税款、纳税担保人已按履行期限缴纳所担保税款的；

（二）税收强制措施被复议机关决定撤销的；

（三）税收强制措施被人民法院判决撤销的；

（四）其他法定应当解除税收强制措施的。

第三十二条 解除税收强制措施时，应当向纳税人、扣缴义务人、纳税担保人送达解除税收强制措施决定书，告知其解除税收强制措施的时间、内容和依据，并通知其在规定时间内办理解除税收强制措施的有关事宜：

（一）采取冻结存款措施的，应当向冻结存款的纳税人开户银行或者其他金融机构送达解除冻结存款通知书，解除冻结；

（二）采取查封商品、货物或者其他财产措施的，应当解除查封并收回查封商品、货物或者其他财产清单；

（三）采取扣押商品、货物或者其他财产措施的，应当予以返还并收回扣押商品、货物或者其他财产专用收据。

税收强制措施涉及协助执行单位的，应当向协助执行单位送达税务协助执行通知书，通知解除税收强制措施相关事项。

第三十三条 有下列情形之一，致使检查暂时无法进行的，经稽查局局长批准后，中止检查：

（一）当事人被有关机关依法限制人身自由的；

（二）账簿、记账凭证及有关资料被其他国家机关依法调取且尚未归还的；

（三）与税收违法行为直接相关的事实需要人民法院或者其他国家机关确认的；

（四）法律、行政法规或者国家税务总局规定的其他可以中止检查的。

中止检查的情形消失，经稽查局局长批准后，恢复检查。

第三十四条 有下列情形之一，致使检查确实无法进行的，经稽查局局长批准后，终结检查：

（一）被查对象死亡或者被依法宣告死亡或者依法注销，且有证据表明无财产可抵缴税款或者无法定税收义务承担主体的；

（二）被查对象税收违法行为均已超过法定追究期限的；

（三）法律、行政法规或者国家税务总局规定的其他可以终结检查的。

第三十五条 检查结束前，检查人员可以将发现的税收违法事实和依据告知被查对象。

被查对象对违法事实和依据有异议的，应当在限期内提供说明及证据材料。被查对象口头说明的，检查人员应当制作笔录，由当事人签章。

第四章 审 理

第三十六条 检查结束后，稽查局应当对案件进行审理。符合重大税务案件标准的，稽查局审理后提请税务局重大税务案件审理委员会审理。

重大税务案件审理依照国家税务总局有关规定执行。

第三十七条 案件审理应当着重审核以下内容：

（一）执法主体是否正确；

（二）被查对象是否准确；

（三）税收违法事实是否清楚，证据是否充分，数据是否准确，资料是否齐全；

（四）适用法律、行政法规、规章及其他规范性文件是否适当，定性是否正确；

（五）是否符合法定程序；

（六）是否超越或者滥用职权；

（七）税务处理、处罚建议是否适当；

（八）其他应当审核确认的事项或者问题。

第三十八 条有下列情形之一的，应当补正或者补充调查：

（一）被查对象认定错误的；

（二）税收违法事实不清、证据不足的；

（三）不符合法定程序的；

（四）税务文书不规范、不完整的；

（五）其他需要补正或者补充调查的。

第三十九条 拟对被查对象或者其他涉税当事人作出税务行政处罚的，应当向其送达税务行政处罚事项告知书，告知其依法享有陈述、申辩及要求听证的权利。税务行政处罚事项告知书应当包括以下内容：

（一）被查对象或者其他涉税当事人姓名或者名称、有效身份证件号码或者统一社会信用代码、地址。没有统一社会信用代码的，以税务机关赋予的纳税人识别号代替；

（二）认定的税收违法事实和性质；

（三）适用的法律、行政法规、规章及其他规范性文件；

（四）拟作出的税务行政处罚；

（五）当事人依法享有的权利；

（六）告知书的文号、制作日期、税务机关名称及印章；

（七）其他相关事项。

第四十条 被查对象或者其他涉税当事人可以书面或者口头提出陈述、申辩意见。对当事人口头提出陈述、申辩意见，应当制作陈述申辩笔录，如实记录，由陈述人、申辩人签章。

应当充分听取当事人的陈述、申辩意见；经复核，当事人提出的事实、理由或者证据成立的，应当采纳。

第四十一条 被查对象或者其他涉税当事人按照法律、法规、规章要求听证的，应当依法组织听证。

听证依照国家税务总局有关规定执行。

第四十二条 经审理，区分下列情形分别作出处理：

（一）有税收违法行为，应当作出税务处理决定的，制作税务处理决定书；

（二）有税收违法行为，应当作出税务行政处罚决定的，制作税务行政处罚决定书；

（三）税收违法行为轻微，依法可以不予税务行政处罚的，制作不予税务行政处罚决定书；

（四）没有税收违法行为的，制作税务稽查结论。

税务处理决定书、税务行政处罚决定书、不予税务行政处罚决定书、税务稽查结论引用的法律、行政法规、规章及其他规范性文件，应当注明文件全称、文号和有关条款。

第四十三条 税务处理决定书应当包括以下主要内容：

（一）被查对象姓名或者名称、有效身份证件号码或者统一社会信用代码、地址。没有统一社会信用代码的，以税务机关赋予的纳税人识别号代替；

（二）检查范围和内容；

（三）税收违法事实及所属期间；

（四）处理决定及依据；

（五）税款金额、缴纳期限及地点；

（六）税款滞纳时间、滞纳金计算方法、缴纳期限及地点；

（七）被查对象不按期履行处理决定应当承担的责任；

（八）申请行政复议或者提起行政诉讼的途径和期限；

（九）处理决定书的文号、制作日期、税务机关名称及印章。

第四十四条 税务行政处罚决定书应当包括以下主要内容：

（一）被查对象或者其他涉税当事人姓名或者名称、有效身份证件号码或者统一社会信用代码、地址。没有统一社会信用代码的，以税务机关赋予的纳税人识别号代替；

（二）检查范围和内容；

（三）税收违法事实、证据及所属期间；

（四）行政处罚种类和依据；

（五）行政处罚履行方式、期限和地点；

（六）当事人不按期履行行政处罚决定应当承担的责任；

（七）申请行政复议或者提起行政诉讼的途径和期限；

（八）行政处罚决定书的文号、制作日期、税务机关名称及印章。

税务行政处罚决定应当依法公开。公开的行政处罚决定被依法变更、撤销、确认违法或者确认无效的，应当在3个工作日内撤回原行政处罚决定信息并公开说明理由。

第四十五条　不予税务行政处罚决定书应当包括以下主要内容：

（一）被查对象或者其他涉税当事人姓名或者名称、有效身份证件号码或者统一社会信用代码、地址。没有统一社会信用代码的，以税务机关赋予的纳税人识别号代替；

（二）检查范围和内容；

（三）税收违法事实及所属期间；

（四）不予税务行政处罚的理由及依据；

（五）申请行政复议或者提起行政诉讼的途径和期限；

（六）不予行政处罚决定书的文号、制作日期、税务机关名称及印章。

第四十六条　税务稽查结论应当包括以下主要内容：

（一）被查对象姓名或者名称、有效身份证件号码或者统一社会信用代码、地址。没有统一社会信用代码的，以税务机关赋予的纳税人识别号代替；

（二）检查范围和内容；

（三）检查时间和检查所属期间；

（四）检查结论；

（五）结论的文号、制作日期、税务机关名称及印章。

第四十七条 稽查局应当自立案之日起90日内作出行政处理、处罚决定或者无税收违法行为结论。案情复杂需要延期的，经税务局局长批准，可以延长不超过90日；特殊情况或者发生不可抗力需要继续延期的，应当经上一级税务局分管副局长批准，并确定合理的延长期限。但下列时间不计算在内：

（一）中止检查的时间；

（二）请示上级机关或者征求有权机关意见的时间；

（三）提请重大税务案件审理的时间；

（四）因其他方式无法送达，公告送达文书的时间；

（五）组织听证的时间；

（六）纳税人、扣缴义务人超期提供资料的时间；

（七）移送司法机关后，税务机关需根据司法文书决定是否处罚的案件，从司法机关接受移送到司法文书生效的时间。

第四十八条 税收违法行为涉嫌犯罪的，填制涉嫌犯罪案件移送书，经税务局局长批准后，依法移送公安机关，并附送以下资料：

（一）涉嫌犯罪案件情况的调查报告；

（二）涉嫌犯罪的主要证据材料复制件；

（三）其他有关涉嫌犯罪的材料。

第五章　执　　行

第四十九条 稽查局应当依法及时送达税务处理决定书、税务行政处罚决定书、不予税务行政处罚决定书、税务稽查结论等税务文书。

第五十条 具有下列情形之一的，经县以上税务局局长批准，稽查局可以依法强制执行，或者依法申请人民法院强制执行：

（一）纳税人、扣缴义务人未按照规定的期限缴纳或者解缴税款、滞纳金，责令限期缴纳逾期仍未缴纳的；

（二）经稽查局确认的纳税担保人未按照规定的期限缴纳所担保的税款、滞纳金，责令限期缴纳逾期仍未缴纳的；

（三）当事人对处罚决定逾期不申请行政复议也不向人民法院起诉、又不履行的；

（四）其他可以依法强制执行的。

第五十一条 当事人确有经济困难，需要延期或者分期缴纳罚款的，可向稽查局提出申请，经税务局局长批准后，可以暂缓或者分期缴纳。

第五十二条 作出强制执行决定前，应当制作并送达催告文书，催告当事人履行义务，听取当事人陈述、申辩意见。经催告，当事人逾期仍不履行行政决定，且无正当理由的，经县以上税务局局长批准，实施强制执行。

实施强制执行时，应当向被执行人送达强制执行决定书，告知其实施强制执行的内容、理由及依据，并告知其享有依法申请行政复议或者提起行政诉讼的权利。

催告期间，对有证据证明有转移或者隐匿财物迹象的，可以作出立即强制执行决定。

第五十三条 稽查局采取从被执行人开户银行或者其他金融机构的存款中扣缴税款、滞纳金、罚款措施时，应当向被执行人开户银行或者其他金融机构送达扣缴税收款项通知书，依法扣缴税款、滞纳金、罚款，并及时将有关凭证送达被执行人。

第五十四条 拍卖、变卖被执行人商品、货物或者其他财产，以拍卖、变卖所得抵缴税款、滞纳金、罚款的，在拍卖、变卖前应当依法进行查封、扣押。

稽查局拍卖、变卖被执行人商品、货物或者其他财产前，应当制作拍卖/变卖抵税财物决定书，经县以上税务局局长批准后送达被执行人，予以拍卖或者变卖。

拍卖或者变卖实现后，应当在结算并收取价款后3个工作日内，办理税款、滞纳金、罚款的入库手续，并制作拍卖/变卖结果通知书，附拍卖/变卖查封、扣押的商品、货物或者其他财产清单，经稽查局局长审核后，送达被执行人。

以拍卖或者变卖所得抵缴税款、滞纳金、罚款和拍卖、变卖等费用后，尚有剩余的财产或者无法进行拍卖、变卖的财产的，应当制作返还商品、货物或者其他财产通知书，附返还商品、货物或者其他财产清单，送达被执行人，并自办理税款、滞纳金、罚款入库手续之日起3个工作日内退还被执行人。

第五十五条 执行过程中发现涉嫌犯罪的，依照本规定第四十八条处理。

第五十六条 执行过程中发现有下列情形之一的，经稽查局局长批准后，中止执行：

（一）当事人死亡或者被依法宣告死亡，尚未确定可执行财产的；

（二）当事人进入破产清算程序尚未终结的；

（三）可执行财产被司法机关或者其他国家机关依法查封、扣押、冻结，致使执行暂时无法进行的；

（四）可供执行的标的物需要人民法院或者仲裁机构确定权属的；

（五）法律、行政法规和国家税务总局规定其他可以中止执行的。

中止执行情形消失后，经稽查局局长批准，恢复执行。

第五十七条 当事人确无财产可供抵缴税款、滞纳金、罚款或者依照破产清算程序确实无法清缴税款、滞纳金、罚款，或者有其他法定终结执行情形的，经税务局局长批准后，终结执行。

第五十八条 税务处理决定书、税务行政处罚决定书等决定性文书送达后，有下列情形之一的，稽查局可以依法重新作出：

（一）决定性文书被人民法院判决撤销的；

（二）决定性文书被行政复议机关决定撤销的；

（三）税务机关认为需要变更或者撤销原决定性文书的；

（四）其他依法需要变更或者撤销原决定性文书的。

第六章　附　　则

第五十九条　本规定相关税务文书的式样，由国家税务总局规定。

第六十条　本规定所称签章，区分以下情况确定：

（一）属于法人或者其他组织的，由相关人员签名，加盖单位印章并注明日期；

（二）属于个人的，由个人签名并注明日期。

本规定所称“以上”“日内”，均含本数。

第六十一条　本规定自 2021 年 8 月 11 日起施行。《税务稽查工作规程》（国税发〔2009〕157 号印发，国家税务总局公告 2018 年第 31 号修改）同时废止。

解读——

《税务稽查案件办理程序规定》

为贯彻落实中共中央办公厅、国务院办公厅印发的《关于进一步深化税收征管改革的意见》（以下简称《意见》），深入推进精确执法、精细服务、精准监管、精诚共治，落实 2021 年新修订的行政处罚法等法律法规，切实保护行政相对人合法权益，更好发挥税务稽查维护经济税收秩序、维护国家税收安全、维护社会公平正义的职能作用，国家税务总局对《税务稽查工作规程》（国税发〔2009〕157号印发，国家税务总局公告2018年第31号修改，以下简称《规程》）进行了修订，并更名为《税务稽查案件办理程序规定》（以下简称《规定》），以部门规章的形式发布施行。现将有关问题解读如下：

一、修改的必要性

《规程》自颁布实施以来，在规范执法行为、维护税收秩序、促进依法纳税等方面发挥了积极作用。近年来，党中央、国务院对进一步深化税收征管改革、优化税务执法方式作出新部署、提出新要求，税务稽查工作面临新形势、新任务，有必要对《规程》进行修订完善。

（一）进一步深化税收征管改革的需要

《意见》从严格规范税务执法行为、完善税务执法制度和机制、不断提升税务执法精确度、强化执法内部监督等方面提出了一系列明确要求。稽查执法作为税务执法的重要方面，需要按照《意见》要求从制度层面进一步规范。《规定》的出台既是落实《意见》的重要举措，也是保障《意见》落实的重要制度性建设安排。

（二）进一步优化税务执法方式的需要

2021年修订的行政处罚法对税务执法提出了一系列新要求，近年来出台或修订的行政强制法、行政诉讼法等法律法规需要通过建立完善税务执法相关制度规定予以衔接和落实。同时，贯彻落实依法行政要求，推进依法治税，做到权力法定、权责明晰，加强对权力运行的监督制约，需要持续健全税务稽查执法制度规定。

（三）进一步完善税收法制建设的需要

近年来，社会法治环境、税务机构改革、稽查执法实际等方面发生深刻变化，尤其是税收征管体制改革后形成的集约型税务稽查组织体系需要通过健全稽查工作制度加以保障。同时，随着稽查执法工作日益规范化、制度化，实践中一些合法合规、成熟定型的做法也需要以制度形式加以固定，推动税收法制建设与时俱进。

二、修订的基本原则

《规定》是规范税务稽查执法的基础性制度，与经济社会生产生活和行政相对人权益密切相关。本次修订重点把握以下原则：

一是提升稽查执法制度依据的法律层级。《规程》为规范性文件，《规定》升级为部门规章。通过提升稽查执法基础性制度的法律层级，进一步加大对稽查执法的规范力度，提高稽查法治化水平。

二是注重保护行政相对人合法权益。围绕稽查执法工作中与行政相对人密切相关的执法环节，依据相关法律法规进一步完善稽查执法制度机制，全流程规范稽查执法行为，充分保障行政相对人的知情权、陈述申辩权等合法权益，推动提高税法遵从度和社会满意度。

三是切实解决稽查执法中出现的新问题。坚持问题导向，应对稽查执法过程中出现的新情况、新问题，以及涉税违法手段的新变化、新趋势，进一步完善稽查案件办理流程，细化制度规定，明确工作要求，为稽查执法工作在新形势下有效开展提供制度保障。

三、修订的主要内容

《规定》分六章（总则、选案、检查、审理、执行、附则）共六十一条。主要修订内容如下：

（一）进一步明确立法目的

在第一条将“为了贯彻落实中共中央办公厅、国务院办公厅印发的《关于进一步深化税收征管改革的意见》”作为《规定》修订的目的之一，明确将贯彻落实《意见》部署作为税务稽查执法的总体要求。

（二）进一步完善立法宗旨

在第一条增加“保护纳税人、扣缴义务人和其他涉税当事人合法权益”的立法宗旨。坚持以人为本的执法理念，将注重保护税务行政相对人合法权益的原则要求贯穿于稽查案件办理全过程。

（三）增加对行政相对人个人信息的保护

在第九条明确规定，对实施税务稽查过程中知悉的个人信息应当依法予以保密。落实民法典有关规定，防止稽查执法中泄露当事人个人信息，进一步提高稽查执法的合法性和规范性。

（四）明确行政执法全过程记录要求

新增第十一条：“税务稽查案件办理应当通过文字、音像等形式，对案件办理的启动、调查取证、审核、决定、送达、执行等进行全过程记录。”贯彻落实国务院关于全面推行执法全过程记录制度等“三项制度”的工作要求，进一步促进税务稽查严格规范公正文明执法。

（五）细化提取电子数据的程序

在第二十三条增加“收集、提取电子数据，检查人员应当制作现场笔录，注明电子数据的来源、事由、证明目的或者对象，提取时间、地点、方法、过程，原始存储介质的存放地点以及对电子数据存储介质的签封情况等。进行数据压缩的，应当在笔录中注明压缩方法和完整性校验值”的规定。依据行政处罚法、税收征收管理法等相关法律规定，进一步规范电子数据提取的具体规定和操作要求，适应实际执法中提取电子证据的需要，保障电子数据取证工作合法合规。

（六）细化保障行政相对人知情权和陈述申辩权的相关规定

在第十五条、第二十条明确实施检查和进行询问时对当事人要“告知其权利和义务”，在第四十条增加“应当充分听取当事人的陈述、申辩意见；经复核，当事人提出的事实、理由或者证据成立的，应当采纳”的规定，落实行政处罚法等法律法规的要求，充分保障当事人的知情权、陈述申辩权等合法权益。

（七）将证据纳入处罚决定书的填写范围

在第四十四条增加税务行政处罚决定书应当包括“税收违法证

据"，与行政处罚法有关规定相衔接，强化证据填写要求，确保税务行政处罚决定文书证据充分、事实清楚。

（八）增加税务行政处罚决定公开和撤回程序规定

与行政处罚法有关规定相衔接，在第四十四条明确税务行政处罚决定应当依法公开和税务行政处罚决定依法撤回的程序要求，完善税务行政处罚决定工作流程。

（九）明确税务稽查案件办理期限

落实行政处罚法有关规定，在第四十七条明确"稽查局应当自立案之日起90日内作出行政处理、处罚决定或者无税收违法行为结论。案情复杂需要延期的，经税务局局长批准，可以延长不超过90日；特殊情况或者发生不可抗力需要继续延期的，应当经上一级税务局分管副局长批准，并确定合理的延长期限"，既保障疑难、复杂案件查处，又强化监督制约，提高办案效率。

（十）增加暂缓或延期缴纳罚款的规定

新增第五十一条："当事人确有经济困难，需要延期或者分期缴纳罚款的，可向稽查局提出申请，经税务局局长批准后，可以暂缓或者分期缴纳。"落实行政处罚法有关要求，充分考虑当事人的实际困难，做到税务稽查执法既有力度又有温度，推动提升税法遵从度和社会满意度。

（十一）明确实施税收强制执行前的催告程序

在第五十二条明确："作出强制执行决定前，应当制作并送达催告文书，催告当事人履行义务，听取当事人陈述、申辩意见。经催告，当事人逾期仍不履行行政决定，且无正当理由的，经县以上税务局局长批准，实施强制执行。"落实行政强制法有关规定，进一步完善执法程序，提高稽查执法的合法性和正当性。

（十二）完善处理处罚决定重新作出工作机制

新增第五十八条："税务处理决定书、税务行政处罚决定书等决定性文书送达后，有下列情形之一的，稽查局可以依法重新作出：（一）决定性文书被人民法院判决撤销的；（二）决定性文书被行政复议机关决定撤销的；（三）税务机关认为需要变更或者撤销原决定性文书的；（四）其他依法需要变更或者撤销原决定性文书的。”依据行政处罚法、行政诉讼法、行政复议法相关规定，健全税务稽查重新作出处理处罚工作机制，进一步完善稽查执法工作流程。

（来源：国家税务总局网站）

交通运输部

关于修改《交通运输行政执法程序规定》的决定

（2021 年 6 月 23 日经交通运输部第 15 次部务会议通过
2021 年 6 月 30 日交通运输部令 2021 年第 6 号公布
自 2021 年 7 月 15 日起施行）

交通运输部决定对《交通运输行政执法程序规定》（交通运输部令 2019 年第 9 号）作如下修改：

一、将第二条第一款修改为：“交通运输行政执法部门（以下简称执法部门）及其执法人员实施交通运输行政执法行为，适用本规定。”

二、增加一条，作为第五条：“执法部门应当建立健全执法监督制度。上级交通运输执法部门应当定期组织开展行政执法评议、考核，加强对行政执法的监督检查，规范行政执法。

执法部门应当主动接受社会监督。公民、法人或者其他组织对执法部门实施行政执法的行为，有权申诉或者检举；执法部门应当认真审查，发现有错误的，应当主动改正。”

三、将第五条改为第六条，修改为：“行政处罚由违法行为发生地的执法部门管辖。行政检查由执法部门在法定职权范围内实施。法律、行政法规、部门规章另有规定的，从其规定。”

四、将第七条改为第八条，修改为：“两个以上执法部门因管辖权发生争议的，应当协商解决，协商不一致的，报请共同的上一级部门指定管辖；也可以直接由共同的上一级部门指定管辖。”

五、将第八条改为第九条，修改为：“执法部门发现所查处的案件不属于本部门管辖的，应当移送有管辖权的其他部门。执法部门发现违法行为涉嫌犯罪的，应当及时依照《行政执法机关移送涉嫌犯罪案件的规定》将案件移送司法机关。”

六、将第十七条改为第十八条，第三项修改为：“经受送达人同意，可以采用传真、电子邮件、移动通信等能够确认其即时收悉的特定系统作为送达媒介电子送达执法文书。受送达人同意采用电子方式送达的，应当在送达地址确认书中予以确认。采取电子送达方式送达的，以执法部门对应系统显示发送成功的日期为送达日期，但受送达人证明到达其确认的特定系统的日期与执法部门对应系统显示发送成功的日期不一致的，以受送达人证明到达其特定系统的日期为准；”

七、将第三十一条改为第三十二条，修改为：“证据必须查证属实，方可作为认定案件事实的根据。”

八、将第三十七条改为第三十八条，增加一项，作为第五项：“依照法律、行政法规规定利用电子技术监控设备收集、固定违法事实的，应当经过法制和技术审核，确保电子技术监控设备符合标准、设置合理、标志明显，设置地点应当向社会公布。电子技术监控设备记录违法事实应当真实、清晰、完整、准确。执法部门应当审核记录内容是否符合要求；未经审核或者经审核不符合要求的，不得作为行政处罚的证据。执法部门应当及时告知当事人违法事实，并采取信息化手段或者其他措施，为当事人查询、陈述和申辩提供便利。不得限制或者变相限制当事人享有的陈述权、申辩权。”

九、将第四十三条改为第四十四条，第二款修改为：“先行登记保存期间，当事人或者有关人员不得销毁或者转移证据。”

十、删去第四十四条第一款第四项。

十一、将第五十九条改为第六十条，修改为：“违法事实确凿并有法定依据，对公民处二百元以下、对法人或者其他组织处三千元以下罚款或者警告的行政处罚的，可以适用简易程序，当场作出行政处罚决定。法律另有规定的，从其规定。”

十二、将第六十条改为第六十一条，第六项修改为：“填写预定格式、编有号码的《当场行政处罚决定书》并当场交付当事人，《当场行政处罚决定书》应当载明当事人的违法行为，行政处罚的种类和依据、罚款数额、时间、地点，申请行政复议、提起行政诉讼的途径和期限以及执法部门名称，并由执法人员签名或者盖章；”

十三、将第六十条改为第六十一条，第七项修改为：“当事人在《当场行政处罚决定书》上签名或盖章，当事人拒绝签收的，应当在行政处罚决定书上注明；”

十四、将“第六章第二节 一般程序”改为：“第六章第二节 普通程序”。

十五、将第六十六条改为第六十七条，修改为：“执法人员在初步调查结束后，认为案件事实清楚，主要证据齐全的，应当制作案件调查报告，提出处理意见，报办案机构审核。”

十六、删去第六十七条、第六十八条。

十七、将第七十一条改为第七十条，第二项修改为："执法部门应当充分听取当事人的意见，对当事人提出的事实、理由、证据认真进行复核；当事人提出的事实、理由或者证据成立的，应当予以采纳。不得因当事人陈述、申辩而加重处罚。"

十八、增加一条，作为第七十一条："有下列情形之一，在执法部门负责人作出行政处罚的决定之前，应当由从事行政处罚决定法制审核的人员进行法制审核：

（一）涉及重大公共利益的；

（二）直接关系当事人或者第三人重大权益，经过听证程序的；

（三）案件情况疑难复杂、涉及多个法律关系的；

（四）法律、法规规定应当进行法制审核的其他情形。

初次从事行政处罚决定法制审核的人员，应当通过国家统一法律职业资格考试取得法律职业资格。"

十九、增加一条，作为第七十二条："从事行政处罚决定法制审核的人员主要从下列方面进行合法性审核，并提出书面审核意见：

（一）行政执法主体是否合法，行政执法人员是否具备执法资格；

（二）行政执法程序是否合法；

（三）案件事实是否清楚，证据是否合法充分；

（四）适用法律、法规、规章是否准确，裁量基准运用是否适当；

（五）执法是否超越执法部门的法定权限；

（六）行政执法文书是否完备、规范；

（七）违法行为是否涉嫌犯罪、需要移送司法机关。"

二十、第七十二条改为第七十三条，第三项修改为："违法事实不能成立的，不予行政处罚"；第四项修改为："违法行为涉嫌犯罪的，移送司法机关。"

二十一、增加一条，作为第七十四条："有下列情形之一的，依法不予行政处罚：

（一）违法行为轻微并及时改正，没有造成危害后果的，不予行政处罚；

（二）除法律、行政法规另有规定的情形外，当事人有证据足以证明没有主观过错的，不予行政处罚；

（三）精神病人、智力残疾人在不能辨认或者不能控制自己行为时有违法行为的，不予行政处罚，但应当责令其监护人严加看管和治疗；

（四）不满十四周岁的未成年人有违法行为的，不予行政处罚，但应责令监护人加以管教；

（五）其他依法不予行政处罚的情形。

初次违法且危害后果轻微并及时改正的，可以不予行政处罚。

违法行为在二年内未被处罚的，不再给予行政处罚；涉及公民生命健康安全、金融安全且有危害后果的，上述期限延长至五年。法律另有规定的除外。

对当事人的违法行为依法不予行政处罚的，执法部门应当对当事人进行教育。”

二十二、增加一条，作为第七十五条：“作出行政处罚决定应当适用违法行为发生时的法律、法规、规章的规定。但是，作出行政处罚决定时，法律、法规、规章已被修改或者废止，且新的规定处罚较轻或者不认为是违法的，适用新的规定。”

二十三、将第七十三条改为第七十六条，第一项修改为：“拟作出降低资质等级、吊销许可证件、责令停产停业、责令关闭、限制从业、较大数额罚款、没收较大数额违法所得、没收较大价值非法财物的；”

二十四、增加一条，作为第七十八条：“执法部门应当自行政处罚案件立案之日起九十日内作出行政处罚决定。案情复杂、期限届满不能终结的案件，可以经执法部门负责人批准延长三十日。”

二十五、将第七十五条改为第七十九条，修改为：“执法部门应当依法公开行政处罚决定信息，但法律、行政法规另有规定的除外。

公开的行政处罚决定被依法变更、撤销、确认违法或者确认无效的，执法部门应当在三日内撤回行政处罚决定信息并公开说明理由。”

二十六、将第七十六条改为第八十条，修改为：“执法部门在作出下列行政处罚决定前，应当在送达《违法行为通知书》时告知当事人有要求举行听证的权利：

（一）责令停产停业、责令关闭、限制从业；

（二）降低资质等级、吊销许可证件；

（三）较大数额罚款；

（四）没收较大数额违法所得、没收较大价值非法财物；

（五）其他较重的行政处罚；

（六）法律、法规、规章规定的其他情形。

前款第（三）、（四）项规定的较大数额，地方执法部门按照省级人大常委会或者人民政府规定或者其授权部门规定的标准执行。海事执法部门按照对自然人处1万元以上、对法人或者其他组织10万元以上的标准执行。”

二十七、将第七十八条改为第八十二条，修改为：“当事人要求听证的，应当自收到《违法行为通知书》之日起五日内以书面或者口头形式提出。当事人以口头形式提出的，执法部门应当将情况记入笔录，并由当事人在笔录上签名或者盖章。”

二十八、将七十九条改为第八十三条，修改为：“执法部门应当在举行听证的七日前向当事人及有关人员送达《听证通知书》，将听证的时间、地点通知当事人和其他听证参加人。”

二十九、将八十一条改为第八十五条，第四项修改为：“就案件的事实、理由、证据、程序、处罚依据和行政处罚建议等相关内容组织质证和辩论；”

三十、将第八十七条改为第九十一条，第一款修改为：“听证应当公开举行，涉及国家秘密、商业秘密或者个人隐私依法予以保密的除外。”

三十一、将第九十三条改为第九十七条，第一款修改为：“记录员应当将举行听证的全部活动记入《听证笔录》，经听证参加人审核无误或者补正后，由听证参加人当场签名或者盖章。当事人或其代理人、证人拒绝签名或盖章的，由听证主持人在《听证笔录》中注明情况。”

三十二、将九十四条改为第九十八条，修改为：“听证结束后，执法部门应当根据听证笔录，依照本规定第七十三条的规定，作出决定。”

三十三、将第九十五条改为第九十九条，修改为：“执法部门对当事人作出罚款处罚的，当事人应当自收到处罚决定书之日起十五日内，到指定的银行缴纳罚款；具备条件的，也可以通过电子支付系统缴纳罚款。具有下列情形之一的，执法人员可以当场收缴罚款：

（一）依法当场作出行政处罚决定，处一百元以下的罚款或者不当场收缴事后难以执行的；

（二）在边远、水上、交通不便地区，当事人到指定的银行或者通过电子支付系统缴纳罚款确有困难，经当事人提出的。

当场收缴罚款的，应当向当事人出具国务院财政部门或者省、自治区、直辖市人民政府财政部门统一制发的专用票据。”

三十四、将第一百一十四条改为第一百一十八条，增加一款作为第二款：“执法部门批准延期、分期缴纳罚款的，申请人民法院强制执行的期限，自暂缓或者分期缴纳罚款期限结束之日起计算。”

条文序号和个别文字作相应调整。

本决定自2021年7月15日起施行。

《交通运输行政执法程序规定》及其附件《交通运输行政执法文书式样》根据本决定作相应修改，重新公布。

交通运输行政执法程序规定

（2019年4月12日交通运输部发布　根据2021年6月30日《交通运输部关于修改〈交通运输行政执法程序规定〉的决定》修正）

第一章　总　　则

第一条　为规范交通运输行政执法行为，促进严格规范公正文明执法，保护公民、法人和其他组织的合法权益，根据《中华人民共和国行政处罚法》《中华人民共和国行政强制法》等法律、行政法规，制定本规定。

第二条　交通运输行政执法部门（以下简称执法部门）及其执法人员实施交通运输行政执法行为，适用本规定。

前款所称交通运输行政执法，包括公路、水路执法部门及其执法人员依法实施的行政检查、行政强制、行政处罚等执法行为。

第三条　执法部门应当全面推行行政执法公示制度、执法全过程记录制度、重大执法决定法制审核制度，加强执法信息化建设，推进执法信息共享，提高执法效率和规范化水平。

第四条　实施交通运输行政执法应当遵循以下原则：

（一）事实认定清楚，证据确凿；

（二）适用法律、法规、规章正确；

（三）严格执行法定程序；

（四）正确行使自由裁量权；

（五）依法公平公正履行职责；

（六）依法维护当事人合法权益；

（七）处罚与教育相结合。

第五条 执法部门应当建立健全执法监督制度。上级交通运输执法部门应当定期组织开展行政执法评议、考核，加强对行政执法的监督检查，规范行政执法。

执法部门应当主动接受社会监督。公民、法人或者其他组织对执法部门实施行政执法的行为，有权申诉或者检举；执法部门应当认真审查，发现有错误的，应当主动改正。

第二章 一般规定

第一节 管 辖

第六条 行政处罚由违法行为发生地的执法部门管辖。行政检查由执法部门在法定职权范围内实施。法律、行政法规、部门规章另有规定的，从其规定。

第七条 对当事人的同一违法行为，两个以上执法部门都有管辖权的，由最先立案的执法部门管辖。

第八条 两个以上执法部门因管辖权发生争议的，应当协商解决，协商不成的，报请共同的上一级部门指定管辖；也可以直接由共同的上一级部门指定管辖。

第九条 执法部门发现所查处的案件不属于本部门管辖的，应当移送有管辖权的其他部门。执法部门发现违法行为涉嫌犯罪的，应当及时依照《行政执法机关移送涉嫌犯罪案件的规定》将案件移送司法机关。

第十条 下级执法部门认为其管辖的案件属重大、疑难案件，或者由于特殊原因难以办理的，可以报请上一级部门指定管辖。

第十一条 跨行政区域的案件，相关执法部门应当相互配合。相关行政区域执法部门共同的上一级部门应当做好协调工作。

第二节　回　　避

第十二条　执法人员有下列情形之一的，应当自行申请回避，当事人及其代理人有权用口头或者书面方式申请其回避：

（一）是本案当事人或者当事人、代理人近亲属的；

（二）本人或者其近亲属与本案有利害关系的；

（三）与本案当事人或者代理人有其他利害关系，可能影响案件公正处理的。

第十三条　申请回避，应当说明理由。执法部门应当对回避申请及时作出决定并通知申请人。

执法人员的回避，由其所属的执法部门负责人决定。

第十四条　执法部门作出回避决定前，执法人员不得停止对案件的调查；作出回避决定后，应当回避的执法人员不得再参与该案件的调查、决定、实施等工作。

第十五条　检测、检验及技术鉴定人员、翻译人员需要回避的，适用本节规定。

检测、检验及技术鉴定人员、翻译人员的回避，由指派或者聘请上述人员的执法部门负责人决定。

第十六条　被决定回避的执法人员、鉴定人员和翻译人员，在回避决定作出前进行的与执法有关的活动是否有效，由作出回避决定的执法部门根据其活动是否对执法公正性造成影响的实际情况决定。

第三节　期间与送达

第十七条　期间以时、日、月、年计算，期间开始当日或者当时不计算在内。期间届满的最后一日为节假日的，以节假日后的第一日为期间届满的日期。

第十八条　执法部门应当按照下列规定送达执法文书：

（一）直接送交受送达人，由受送达人记明收到日期，签名或者盖章，受送达人的签收日期为送达日期。受送达人是公民的，本人不在交其同住的成年家属签收；受送达人是法人或者其他组织的，应当由法人的法定代表人、该组织的主要负责人或者办公室、收发室、值班室等负责收件的人签收或者盖章；当事人指定代收人的，交代收人签收。受送达人的同住成年家属，法人或者其他组织的负责收件的人或者代收人在《送达回证》上签收的日期为送达日期；

（二）受送达人或者他的同住成年家属拒绝接收的，可以邀请受送达人住所地的居民委员会、村民委员会的工作人员或者受送达人所在单位的工作人员作见证人，说明情况，在《送达回证》上记明拒收事由和日期，由执法人员、见证人签名或者盖章，将执法文书留在受送达人的住所；也可以把执法文书留在受送达人的住所，并采取拍照、录像等方式记录送达过程，即视为送达；

（三）经受送达人同意，可以采用传真、电子邮件、移动通信等能够确认其即时收悉的特定系统作为送达媒介电子送达执法文书。受送达人同意采用电子方式送达的，应当在送达地址确认书中予以确认。采取电子送达方式送达的，以执法部门对应系统显示发送成功的日期为送达日期，但受送达人证明到达其确认的特定系统的日期与执法部门对应系统显示发送成功的日期不一致的，以受送达人证明到达其特定系统的日期为准；

（四）直接送达有困难的，可以邮寄送达或者委托其他执法部门代为送达。委托送达的，受委托的执法部门按照直接送达或者留置送达方式送达执法文书，并及时将《送达回证》交回委托的执法部门。邮寄送达的，以回执上注明的收件日期为送达日期。执法文书在期满前交邮的，不算过期；

（五）受送达人下落不明或者用上述方式无法送达的，采取公告方式送达，说明公告送达的原因，并在案卷中记明原因和经过。公告送达可以在执法部门的公告栏和受送达人住所地张贴公告，也可以在报纸、信息网络等媒体上刊登公告，发出公告日期以最后张贴或者刊登的日期为准，经过六十日，即视为送达。在受送达人住所地张贴公告的，应当采取拍照、录像等方式记录张贴过程。

第三章　行政检查

第十九条　执法部门在路面、水面、生产经营等场所实施现场检查，对行政相对人实施书面调查，通过技术系统、设备实施电子监控，应当符合法定职权，依照法律、法规、规章规定实施。

第二十条　执法部门应当建立随机抽取被检查对象、随机选派检查人员的抽查机制，健全随机抽查对象和执法检查人员名录库，合理确定抽查比例和抽查频次。随机抽查情况及查处结果除涉及国家秘密、商业秘密、个人隐私的，应当及时向社会公布。

海事执法部门根据履行国际公约要求的有关规定开展行政检查的，从其规定。

第二十一条　执法部门应当按照有关装备标准配备交通工具、通讯工具、交通管理器材、个人防护装备、办公设备等装备，加大科技装备的资金投入。

第二十二条　实施行政检查时，执法人员应当依据相关规定着制式服装，根据需要穿着多功能反光腰带、反光背心、救生衣，携带执法记录仪、对讲机、摄像机、照相机，配备发光指挥棒、反光锥筒、停车示意牌、警戒带等执法装备。

第二十三条　实施行政检查，执法人员不得少于两人，应当出示交通运输行政执法证件，表明执法身份，并说明检查事由。

第二十四条　实施行政检查，不得超越检查范围和权限，不得检查与执法活动无关的物品，避免对被检查的场所、设施和物品造成损坏。

第二十五条 实施路（水）面巡查时，应当保持执法车（船）清洁完好、标志清晰醒目、车（船）技术状况良好，遵守相关法律法规，安全驾驶。

第二十六条 实施路面巡查，应当遵守下列规定：

（一）根据道路条件和交通状况，选择不妨碍通行的地点进行，在来车方向设置分流或者避让标志，避免引发交通堵塞；

（二）依照有关规定，在距离检查现场安全距离范围摆放发光或者反光的示警灯、减速提示标牌、反光锥筒等警示标志；

（三）驾驶执法车辆巡查时，发现涉嫌违法车辆，待其行驶至视线良好、路面开阔地段时，发出停车检查信号，实施检查；

（四）对拒绝接受检查、恶意闯关冲卡逃逸、暴力抗法的涉嫌违法车辆，及时固定、保存、记录现场证据或线索，或者记下车号依法交由相关部门予以处理。

第二十七条 实施水面巡航，应当遵守下列规定：

（一）一般在船舶停泊或者作业期间实施行政检查；

（二）除在航船舶涉嫌有明显违法行为且如果不对其立即制止可能造成严重后果的情况外，不得随意截停在航船舶登临检查；

（三）不得危及船舶、人员和货物的安全，避免对环境造成污染。除法律法规规定情形外，不得操纵或者调试船上仪器设备。

第二十八条 检查生产经营场所，应当遵守下列规定：

（一）有被检查人或者见证人在场；

（二）对涉及被检查人的商业秘密、个人隐私，应当为其保密；

（三）不得影响被检查人的正常生产经营活动；

（四）遵守被检查人有关安全生产的制度规定。

第二十九条 实施行政检查，应当制作检查记录，如实记录检查情况。对于行政检查过程中涉及到的证据材料，应当依法及时采集和保存。

第四章　调查取证

第一节　一般规定

第三十条　执法部门办理执法案件的证据包括：

（一）书证；

（二）物证；

（三）视听资料；

（四）电子数据；

（五）证人证言；

（六）当事人的陈述；

（七）鉴定意见；

（八）勘验笔录、现场笔录。

第三十一条　证据应当具有合法性、真实性、关联性。

第三十二条　证据必须查证属实，方可作为认定案件事实的根据。

第二节　证据收集

第三十三条　执法人员应当合法、及时、客观、全面地收集证据材料，依法履行保密义务，不得收集与案件无关的材料，不得将证据用于法定职责以外的其他用途。

第三十四条　执法部门可以通过下列方式收集证据：

（一）询问当事人、利害关系人、其他有关单位或者个人，听取当事人或者有关人员的陈述、申辩；

（二）向有关单位和个人调取证据；

（三）通过技术系统、设备收集、固定证据；

（四）委托有资质的机构对与违法行为有关的问题进行鉴定；

（五）对案件相关的现场或者涉及的物品进行勘验、检查；

（六）依法收集证据的其他方式。

第三十五条 收集、调取书证应当遵守下列规定：

（一）收集书证原件。收集原件确有困难的，可以收集与原件核对无误的复制件、影印件或者节录本；

（二）收集书证复制件、影印件或者节录本的，标明“经核对与原件一致”，注明出具日期、证据来源，并由被调查对象或者证据提供人签名或者盖章；

（三）收集图纸、专业技术资料等书证的，应当附说明材料，明确证明对象；

（四）收集评估报告的，应当附有评估机构和评估人员的有效证件或者资质证明的复印件；

（五）取得书证原件的节录本的，应当保持文件内容的完整性，注明出处和节录地点、日期，并有节录人的签名；

（六）公安、税务、市场监督管理等有关部门出具的证明材料作为证据的，证明材料上应当加盖出具部门的印章并注明日期；

（七）被调查对象或者证据提供者拒绝在证据复制件、各式笔录及其他需要其确认的证据材料上签名或者盖章的，可以邀请有关基层组织、被调查对象所在单位、公证机构、法律服务机构或者公安机关代表到场见证，说明情况，在相关证据材料上记明拒绝确认事由和日期，由执法人员、见证人签名或者盖章。

第三十六条 收集、调取物证应当遵守下列规定：

（一）收集原物。收集原物确有困难的，可以收集与原物核对无误的复制件或者证明该物证的照片、录像等其他证据；

（二）原物为数量较多的种类物的，收集其中的一部分，也可以采用拍照、取样、摘要汇编等方式收集。拍照取证的，应当对物证的现场方位、全貌以及重点部位特征等进行拍照或者录像；抽样取证的，应当通知当事人到场；当事人拒不到场或者暂时难以确定当事人的，可以由在场的无利害关系人见证；

（三）收集物证，应当载明获取该物证的时间、原物存放地点、发现地点、发现过程以及该物证的主要特征，并对现场尽可能以照片、视频等方式予以同步记录；

（四）物证不能入卷的，应当采取妥善保管措施，并拍摄该物证的照片或者录像存入案卷。

第三十七条 收集视听资料应当遵守下列规定：

（一）收集有关资料的原始载体，并由证据提供人在原始载体或者说明文件上签名或者盖章确认；

（二）收集原始载体确有困难的，可以收集复制件。收集复制件的，应当由证据提供人出具由其签名或者盖章的说明文件，注明复制件与原始载体内容一致；

（三）原件、复制件均应当注明制作方法、制作时间、制作地点、制作人和证明对象等；

（四）复制视听资料的形式包括采用存储磁盘、存储光盘进行复制保存、对屏幕显示内容进行打印固定、对所载内容进行书面摘录与描述等。条件允许时，应当优先以书面形式对视听资料内容进行固定，由证据提供人注明“经核对与原件一致”，并签名或者盖章确认；

（五）视听资料的存储介质无法入卷的，可以转录入存储光盘存入案卷，并标明光盘序号、证据原始制作方法、制作时间、制作地点、制作人，及转录的制作人、制作时间、制作地点等。证据存储介质需要退还证据提供人的，应当要求证据提供人对转录的复制件进行确认。

第三十八条 收集电子数据应当遵守下列规定：

（一）收集电子数据的原始存储介质。收集电子数据原始存储介质确有困难的，可以收集电子数据复制件，但应当附有不能或者难以提取原始存储介质的原因、复制过程以及原始存储介质存放地点或者电子数据网络地址的说明，并由复制件制作人和原始存储介质持有人签名或者盖章，或者以公证等其他有效形式证明电子数据与原始存储介质的一致性和完整性；

（二）收集电子数据应当记载取证的参与人员、技术方法、步骤和过程，记录收集对象的事项名称、内容、规格、类别以及时间、地点等，或者将收集电子数据的过程拍照或者录像；

（三）收集的电子数据应当使用光盘或者其他数字存储介质备份；

（四）收集通过技术手段恢复或者破解的与案件有关的光盘或者其他数字存储介质，电子设备中被删除、隐藏或者加密的电子数据，应当附有恢复或者破解对象、过程、方法和结果的专业说明；

（五）依照法律、行政法规规定利用电子技术监控设备收集、固定违法事实的，应当经过法制和技术审核，确保电子技术监控设备符合标准、设置合理、标志明显，设置地点应当向社会公布。电子技术监控设备记录违法事实应当真实、清晰、完整、准确。执法部门应当审核记录内容是否符合要求；未经审核或者经审核不符合要求的，不得作为行政处罚的证据。执法部门应当及时告知当事人违法事实，并采取信息化手段或者其他措施，为当事人查询、陈述和申辩提供便利。不得限制或者变相限制当事人享有的陈述权、申辩权。

第三十九条 收集当事人陈述、证人证言应当遵守下列规定：

（一）询问当事人、证人，制作《询问笔录》或者由当事人、证人自行书写材料证明案件事实；

（二）询问应当个别进行，询问时可以全程录音、录像，并保持录音、录像资料的完整性；

（三）《询问笔录》应当客观、如实地记录询问过程和询问内容，对询问人提出的问题被询问人不回答或者拒绝回答的，应当注明；

（四）《询问笔录》应当交被询问人核对，对阅读有困难的，应当向其宣读。记录有误或者遗漏的，应当允许被询问人更正或者补充，并要求其在修改处签名或者盖章；

（五）被询问人确认执法人员制作的笔录无误的，应当在《询问笔录》上逐页签名或者盖章。被询问人确认自行书写的笔录无误的，应当在结尾处签名或者盖章。拒绝签名或者盖章的，执法人员应当在《询问笔录》中注明。

第四十条 对与案件事实有关的物品或者场所实施勘验的，应当遵守下列规定：

（一）制作《勘验笔录》；

（二）实施勘验，应当有当事人或者第三人在场。如当事人不在场且没有第三人的，执法人员应当在《勘验笔录》中注明；

（三）勘验应当限于与案件事实相关的物品和场所；

（四）根据实际情况进行音像记录。

第四十一条 执法人员抽样取证时，应当制作《抽样取证凭证》，对样品加贴封条，开具物品清单，由执法人员和当事人在封条和相关记录上签名或者盖章。

法律、法规、规章或者国家有关规定对抽样机构或者方式有规定的，执法部门应当委托相关机构或者按规定方式抽取样品。

第四十二条 为查明案情，需要对案件中专门事项进行鉴定的，执法部门应当委托具有法定鉴定资格的鉴定机构进行鉴定。没有法定鉴定机构的，可以委托其他具备鉴定条件的机构进行鉴定。

第三节 证据先行登记保存

第四十三条 在证据可能灭失或者以后难以取得的情况下，经执法部门负责人批准，可以对与涉嫌违法行为有关的证据采取先行登记保存措施。

第四十四条 先行登记保存有关证据，应当当场清点，制作《证据登记保存清单》，由当事人和执法人员签名或者盖章，当场交当事人一份。

先行登记保存期间，当事人或者有关人员不得销毁或者转移证据。

第四十五条 对先行登记保存的证据，执法部门应当于先行登记保存之日起七日内采取以下措施：

（一）及时采取记录、复制、拍照、录像等证据保全措施，不再需要采取登记保存措施的，及时解除登记保存措施，并作出《解除证据登记保存决定书》；

（二）需要鉴定的，及时送交有关部门鉴定；

（三）违法事实成立，应当依法予以没收的，作出行政处罚决定，没收违法物品；

执法部门逾期未作出处理决定的，先行登记保存措施自动解除。

第四节 证据审查与认定

第四十六条 执法部门应当对收集到的证据逐一审查，进行全面、客观和公正地分析判断，审查证据的合法性、真实性、关联性，判断证据有无证明力以及证明力的大小。

第四十七条 审查证据的合法性，应当审查下列事项：

（一）调查取证的执法人员是否具有相应的执法资格；

（二）证据的取得方式是否符合法律、法规和规章的规定；

（三）证据是否符合法定形式；

（四）是否有影响证据效力的其他违法情形。

第四十八条 审查证据的真实性，应当审查下列事项：

（一）证据形成的原因；

（二）发现证据时的客观环境；

（三）证据是否为原件、原物，复制件、复制品与原件、原物是否相符；

（四）提供证据的人或者证人与当事人是否具有利害关系；

（五）影响证据真实性的其他因素。

单个证据的部分内容不真实的，不真实部分不得采信。

第四十九条 审查证据的关联性，应当审查下列事项：

（一）证据的证明对象是否与案件事实有内在联系，以及关联程度；

（二）证据证明的事实对案件主要情节和案件性质的影响程度；

（三）证据之间是否互相印证，形成证据链。

第五十条 当事人对违法事实无异议，视听资料、电子数据足以认定案件事实的，视听资料、电子数据可以替代询问笔录、现场笔录，必要时，对视听资料、电子数据的关键内容和相应时间段等作文字说明。

第五十一条 下列证据材料不能作为定案依据：

（一）以非法手段取得的证据；

（二）被进行技术处理而无法辨明真伪的证据材料；

（三）不能正确表达意志的证人提供的证言；

（四）不具备合法性和真实性的其他证据材料。

第五章 行政强制措施

第五十二条 为制止违法行为、防止证据损毁、避免危害发生、控制危险扩大等情形，执法部门履行行政执法职能，可以依照法律、法规的规定，实施行政强制措施。

违法行为情节显著轻微或者没有明显社会危害的，可以不采取行政强制措施。

第五十三条 行政强制措施由执法部门在法定职权范围内实施。行政强制措施权不得委托。

第五十四条 执法部门实施行政强制措施应当遵守下列规定：

（一）实施前向执法部门负责人报告并经批准；

（二）由不少于两名执法人员实施，并出示行政执法证件；

（三）通知当事人到场；

（四）当场告知当事人采取行政强制措施的理由、依据以及当事人依法享有的权利、救济途径；

（五）听取当事人的陈述和申辩；

（六）制作《现场笔录》，由当事人和执法人员签名或者盖章，当事人拒绝的，在笔录中予以注明；当事人不到场的，邀请见证人到场，由见证人和执法人员在现场笔录上签名或者盖章；

（七）制作并当场交付《行政强制措施决定书》；

（八）法律、法规规定的其他程序。

对查封、扣押的现场执法活动和执法办案场所，应当进行全程音像记录。

第五十五条 发生紧急情况，需要当场实施行政强制措施的，执法人员应当在二十四小时内向执法部门负责人报告，补办批准手续。执法部门负责人认为不应当采取行政强制措施的，应当立即解除。

第五十六条 实施查封、扣押的期限不得超过三十日；情况复杂需延长查封、扣押期限的，应当经执法部门负责人批准，可以延长，但是延长期限不得超过三十日。法律、行政法规另有规定的除外。

需要延长查封、扣押期限的，执法人员应当制作《延长行政强制措施期限通知书》，将延长查封、扣押的决定及时书面通知当事人，并说明理由。

对物品需要进行检测、检验或者技术鉴定的，应当明确检测、检验或者技术鉴定的期间，并书面告知当事人。查封、扣押的期间不包括检测、检验或者技术鉴定的期间。检测、检验或者技术鉴定的费用由执法部门承担。

第五十七条 执法部门采取查封、扣押措施后，应当及时查清事实，在本规定第五十六条规定的期限内作出处理决定。对违法事实清楚，依法应当没收的非法财物予以没收；法律、行政法规规定应当销毁的，依法销毁；应当解除查封、扣押的，作出解除的决定。

第五十八条 对查封、扣押的财物，执法部门应当妥善保管，不得使用或者损毁；造成损失的，应当承担赔偿责任。

第五十九条 有下列情形之一的，应当及时作出解除查封、扣押决定，制作《解除行政强制措施决定书》，并及时送达当事人，退还扣押财物：

（一）当事人没有违法行为；

（二）查封、扣押的场所、设施、财物与违法行为无关；

（三）对违法行为已经作出处理决定，不再需要查封、扣押；

（四）查封、扣押期限已经届满；

（五）其他不再需要采取查封、扣押措施的情形。

第六章 行政处罚

第一节 简易程序

第六十条 违法事实确凿并有法定依据，对公民处二百元以下、对法人或者其他组织处三千元以下罚款或者警告的行政处罚的，可以适用简易程序，当场作出行政处罚决定。法律另有规定的，从其规定。

第六十一条 执法人员适用简易程序当场作出行政处罚的，应当按照下列步骤实施：

（一）向当事人出示交通运输行政执法证件并查明对方身份；

（二）调查并收集必要的证据；

（三）口头告知当事人违法事实、处罚理由和依据；

（四）口头告知当事人享有的权利与义务；

（五）听取当事人的陈述和申辩并进行复核；当事人提出的事实、

理由或者证据成立的，应当采纳；

（六）填写预定格式、编有号码的《当场行政处罚决定书》并当场交付当事人，《当场行政处罚决定书》应当载明当事人的违法行为，行政处罚的种类和依据、罚款数额、时间、地点，申请行政复议、提起行政诉讼的途径和期限以及执法部门名称，并由执法人员签名或者盖章；

（七）当事人在《当场行政处罚决定书》上签名或盖章，当事人拒绝签收的，应当在行政处罚决定书上注明；

（八）作出当场处罚决定之日起五日内，将《当场行政处罚决定书》副本提交所属执法部门备案。

第二节　普通程序

第六十二条　除依法可以当场作出的行政处罚外，执法部门实施行政检查或者通过举报、其他机关移送、上级机关交办等途径，发现公民、法人或者其他组织有依法应当给予行政处罚的交通运输违法行为的，应当及时决定是否立案。

第六十三条　立案应当填写《立案登记表》，同时附上与案件相关的材料，由执法部门负责人批准。

第六十四条　执法部门应当按照本规定第四章的规定全面、客观、公正地调查，收集相关证据。

第六十五条　委托其他单位协助调查、取证的，应当制作并出具协助调查函。

第六十六条　执法部门作出行政处罚决定的，应当责令当事人改正或者限期改正违法行为；构成违法行为、但依法不予行政处罚的，执法部门应当制作《责令改正违法行为通知书》，责令当事人改正或者限期改正违法行为。

第六十七条　执法人员在初步调查结束后，认为案件事实清楚，主要证据齐全的，应当制作案件调查报告，提出处理意见，报办案机构审核。

第六十八条 案件调查报告经办案机构负责人审查后，执法人员应当将案件调查报告、案卷报执法部门负责人审查批准。

第六十九条 执法部门负责人批准案件调查报告后，拟对当事人予以行政处罚的，执法人员应当制作《违法行为通知书》，告知当事人拟作出行政处罚的事实、理由、依据、处罚内容，并告知当事人依法享有陈述权、申辩权或者要求举行听证的权利。

第七十条 当事人要求陈述、申辩的，应当如实记录当事人的陈述、申辩意见。符合听证条件，当事人要求组织听证的，应当按照本章第三节的规定组织听证。

执法部门应当充分听取当事人的意见，对当事人提出的事实、理由、证据认真进行复核；当事人提出的事实、理由或者证据成立的，应当予以采纳。不得因当事人陈述、申辩而加重处罚。

第七十一条 有下列情形之一，在执法部门负责人作出行政处罚的决定之前，应当由从事行政处罚决定法制审核的人员进行法制审核：

（一）涉及重大公共利益的；

（二）直接关系当事人或者第三人重大权益，经过听证程序的；

（三）案件情况疑难复杂、涉及多个法律关系的；

（四）法律、法规规定应当进行法制审核的其他情形。

初次从事行政处罚决定法制审核的人员，应当通过国家统一法律职业资格考试取得法律职业资格。

第七十二条 从事行政处罚决定法制审核的人员主要从下列方面进行合法性审核，并提出书面审核意见：

（一）行政执法主体是否合法，行政执法人员是否具备执法资格；

（二）行政执法程序是否合法；

（三）案件事实是否清楚，证据是否合法充分；

（四）适用法律、法规、规章是否准确，裁量基准运用是否适当；

（五）执法是否超越执法部门的法定权限；

（六）行政执法文书是否完备、规范；

（七）违法行为是否涉嫌犯罪、需要移送司法机关。

第七十三条 执法部门负责人经审查，根据不同情况分别作出如下决定：

（一）确有应受行政处罚的违法行为的，根据情节轻重及具体情况，作出行政处罚决定；

（二）违法行为轻微，依法可以不予行政处罚的，不予行政处罚；

（三）违法事实不能成立的，不予行政处罚；

（四）违法行为涉嫌犯罪的，移送司法机关。

第七十四条 有下列情形之一的，依法不予行政处罚：

（一）违法行为轻微并及时改正，没有造成危害后果的，不予行政处罚；

（二）除法律、行政法规另有规定的情形外，当事人有证据足以证明没有主观过错的，不予行政处罚；

（三）精神病人、智力残疾人在不能辨认或者不能控制自己行为时有违法行为的，不予行政处罚，但应当责令其监护人严加看管和治疗；

（四）不满十四周岁的未成年人有违法行为的，不予行政处罚，但应责令监护人加以管教；

（五）其他依法不予行政处罚的情形。

初次违法且危害后果轻微并及时改正的，可以不予行政处罚。

违法行为在二年内未被处罚的，不再给予行政处罚；涉及公民生命健康安全、金融安全且有危害后果的，上述期限延长至五年。法律另有规定的除外。

对当事人的违法行为依法不予行政处罚的，执法部门应当对当事人进行教育。

第七十五条 作出行政处罚决定应当适用违法行为发生时的法律、

法规、规章的规定。但是，作出行政处罚决定时，法律、法规、规章已被修改或者废止，且新的规定处罚较轻或者不认为是违法的，适用新的规定。

第七十六条 行政处罚案件有下列情形之一的，应当提交执法部门重大案件集体讨论会议决定：

（一）拟作出降低资质等级、吊销许可证件、责令停产停业、责令关闭、限制从业、较大数额罚款、没收较大数额违法所得、没收较大价值非法财物的；

（二）认定事实和证据争议较大的，适用的法律、法规和规章有较大异议的，违法行为较恶劣或者危害较大的，或者复杂、疑难案件的执法管辖区域不明确或有争议的；

（三）对情节复杂或者重大违法行为给予较重的行政处罚的其他情形。

第七十七条 执法部门作出行政处罚决定，应当制作《行政处罚决定书》。行政处罚决定书的内容包括：

（一）当事人的姓名或者名称、地址等基本情况；

（二）违反法律、法规或者规章的事实和证据；

（三）行政处罚的种类和依据；

（四）行政处罚的履行方式和期限；

（五）不服行政处罚决定，申请行政复议或者提起行政诉讼的途径和期限；

（六）作出行政处罚决定的执法部门名称和作出决定的日期。

行政处罚决定书应当盖有作出行政处罚决定的执法部门的印章。

第七十八条 执法部门应当自行政处罚案件立案之日起九十日内作出行政处罚决定。案情复杂、期限届满不能终结的案件，可以经执法部门负责人批准延长三十日。

第七十九条 执法部门应当依法公开行政处罚决定信息，但法律、行政法规另有规定的除外。

公开的行政处罚决定被依法变更、撤销、确认违法或者确认无效的，执法部门应当在三日内撤回行政处罚决定信息并公开说明理由。

第三节　听证程序

第八十条　执法部门在作出下列行政处罚决定前，应当在送达《违法行为通知书》时告知当事人有要求举行听证的权利：

（一）责令停产停业、责令关闭、限制从业；

（二）降低资质等级、吊销许可证件；

（三）较大数额罚款；

（四）没收较大数额违法所得、没收较大价值非法财物；

（五）其他较重的行政处罚；

（六）法律、法规、规章规定的其他情形。

前款第（三）、（四）项规定的较大数额，地方执法部门按照省级人大常委会或者人民政府规定或者其授权部门规定的标准执行。海事执法部门按照对自然人处 1 万元以上、对法人或者其他组织 10 万元以上的标准执行。

第八十一条　执法部门不得因当事人要求听证而加重处罚。

第八十二条　当事人要求听证的，应当自收到《违法行为通知书》之日起五日内以书面或者口头形式提出。当事人以口头形式提出的，执法部门应当将情况记入笔录，并由当事人在笔录上签名或者盖章。

第八十三条　执法部门应当在举行听证的七日前向当事人及有关人员送达《听证通知书》，将听证的时间、地点通知当事人和其他听证参加人。

第八十四条　听证设听证主持人一名，负责组织听证；记录员一名，具体承担听证准备和制作听证笔录工作。

听证主持人由执法部门负责人指定；记录员由听证主持人指定。

本案调查人员不得担任听证主持人或者记录员。

第八十五条 听证主持人在听证活动中履行下列职责：

（一）决定举行听证的时间、地点；

（二）决定听证是否公开举行；

（三）要求听证参加人到场参加听证、提供或者补充证据；

（四）就案件的事实、理由、证据、程序、处罚依据和行政处罚建议等相关内容组织质证和辩论；

（五）决定听证的延期、中止或者终止，宣布结束听证；

（六）维持听证秩序。对违反听证会场纪律的，应当警告制止；对不听制止，干扰听证正常进行的旁听人员，责令其退场；

（七）其他有关职责。

第八十六条 听证参加人包括：

（一）当事人及其代理人；

（二）本案执法人员；

（三）证人、检测、检验及技术鉴定人；

（四）翻译人员；

（五）其他有关人员。

第八十七条 要求举行听证的公民、法人或者其他组织是听证当事人。当事人在听证活动中享有下列权利：

（一）申请回避；

（二）参加听证，或者委托一至二人代理参加听证；

（三）进行陈述、申辩和质证；

（四）核对、补正听证笔录；

（五）依法享有的其他权利。

第八十八条 与听证案件处理结果有利害关系的其他公民、法人或者其他组织，作为第三人申请参加听证的，应当允许。为查明案情，必要时，听证主持人也可以通知其参加听证。

第八十九条 委托他人代为参加听证的，应当向执法部门提交由委托人签名或者盖章的授权委托书以及委托代理人的身份证明文件。

授权委托书应当载明委托事项及权限。委托代理人代为放弃行使陈述权、申辩权和质证权的，必须有委托人的明确授权。

第九十条 听证主持人有权决定与听证案件有关的证人、检测、检验及技术鉴定人等听证参加人到场参加听证。

第九十一条 听证应当公开举行，涉及国家秘密、商业秘密或者个人隐私依法予以保密的除外。

公开举行听证的，应当公告当事人姓名或者名称、案由以及举行听证的时间、地点等。

第九十二条 听证按下列程序进行：

（一）宣布案由和听证纪律；

（二）核对当事人或其代理人、执法人员、证人及其他有关人员是否到场，并核实听证参加人的身份；

（三）宣布听证员、记录员和翻译人员名单，告知当事人有申请主持人回避、申辩和质证的权利；对不公开听证的，宣布不公开听证的理由；

（四）宣布听证开始；

（五）执法人员陈述当事人违法的事实、证据，拟作出行政处罚的建议和法律依据；执法人员提出证据时，应当向听证会出示。证人证言、检测、检验及技术鉴定意见和其他作为证据的文书，应当当场宣读；

（六）当事人或其代理人对案件的事实、证据、适用法律、行政处罚意见等进行陈述、申辩和质证，并可以提供新的证据；第三人可以陈述事实，提供证据；

（七）听证主持人可以就案件的有关问题向当事人或其代理人、执法人员、证人询问；

（八）经听证主持人允许，当事人、执法人员就案件的有关问题可以向到场的证人发问。当事人有权申请通知新的证人到会作证，调取新的证据。当事人提出申请的，听证主持人应当当场作出是否同意的决定；申请重新检测、检验及技术鉴定的，按照有关规定办理；

（九）当事人、第三人和执法人员可以围绕案件所涉及的事实、证据、程序、适用法律、处罚种类和幅度等问题进行辩论；

（十）辩论结束后，听证主持人应当听取当事人或其代理人、第三人和执法人员的最后陈述意见；

（十一）中止听证的，听证主持人应当宣布再次听证的有关事宜；

（十二）听证主持人宣布听证结束，听证笔录交当事人或其代理人核对。当事人或其代理人认为听证笔录有错误的，有权要求补充或改正。当事人或其代理人核对无误后签名或者盖章；当事人或其代理人拒绝的，在听证笔录上写明情况。

第九十三条　有下列情形之一的，听证主持人可以决定延期举行听证：

（一）当事人因不可抗拒的事由无法到场的；

（二）当事人临时申请回避的；

（三）其他应当延期的情形。

延期听证，应当在听证笔录中写明情况，由听证主持人签名。

第九十四条　听证过程中，有下列情形之一的，应当中止听证：

（一）需要通知新的证人到会、调取新的证据或者证据需要重新检测、检验及技术鉴定的；

（二）当事人提出新的事实、理由和证据，需要由本案调查人员调查核实的；

（三）当事人死亡或者终止，尚未确定权利、义务承受人的；

（四）当事人因不可抗拒的事由，不能继续参加听证的；

（五）因回避致使听证不能继续进行的；

（六）其他应当中止听证的情形。

中止听证，应当在听证笔录中写明情况，由听证主持人签名。

第九十五条 延期、中止听证的情形消失后，听证主持人应当及时恢复听证，并将听证的时间、地点通知听证参加人。

第九十六条 听证过程中，有下列情形之一的，应当终止听证：

（一）当事人撤回听证申请的；

（二）当事人或其代理人无正当理由不参加听证或者未经听证主持人允许，中途退出听证的；

（三）当事人死亡或者终止，没有权利、义务承受人的；

（四）听证过程中，当事人或其代理人扰乱听证秩序，不听劝阻，致使听证无法正常进行的；

（五）其他应当终止听证的情形。

听证终止，应当在听证笔录中写明情况，由听证主持人签名。

第九十七条 记录员应当将举行听证的全部活动记入《听证笔录》，经听证参加人审核无误或者补正后，由听证参加人当场签名或者盖章。当事人或其代理人、证人拒绝签名或盖章的，由听证主持人在《听证笔录》中注明情况。

《听证笔录》经听证主持人审阅后，由听证主持人和记录员签名。

第九十八条 听证结束后，执法部门应当根据听证笔录，依照本规定第七十三条的规定，作出决定。

第七章 执　　行

第一节 罚款的执行

第九十九条 执法部门对当事人作出罚款处罚的，当事人应当自收到处罚决定书之日起十五日内，到指定的银行缴纳罚款；具备条件的，也可以通过电子支付系统缴纳罚款。具有下列情形之一的，执法人员可以当场收缴罚款：

（一）依法当场作出行政处罚决定，处一百元以下的罚款或者不当场收缴事后难以执行的；

（二）在边远、水上、交通不便地区，当事人到指定的银行或者通过电子支付系统缴纳罚款确有困难，经当事人提出的。

当场收缴罚款的，应当向当事人出具国务院财政部门或者省、自治区、直辖市人民政府财政部门统一制发的专用票据。

第一百条 执法人员当场收缴的罚款，应当自收缴罚款之日起二日内，交至其所属执法部门。在水上当场收缴的罚款，应当自抵岸之日起二日内交至其所属执法部门。执法部门应当在二日内将罚款缴付指定的银行。

第一百零一条 当事人确有经济困难，经当事人申请和作出处罚决定的执法部门批准，可以暂缓或者分期缴纳罚款。执法人员应当制作并向当事人送达《分期（延期）缴纳罚款通知书》。

第一百零二条 罚款必须全部上缴国库，不得以任何形式截留、私分或者变相私分。

第一百零三条 当事人未在规定期限内缴纳罚款的，作出行政处罚决定的执法部门可以依法加处罚款。加处罚款的标准应当告知当事人。

加处罚款的数额不得超出原罚款的数额。

第一百零四条 执法部门实施加处罚款超过三十日，经催告当事人仍不履行的，作出行政处罚决定的执法部门应当依法向所在地有管辖权的人民法院申请强制执行。但是，当事人在法定期限内不申请行政复议或者提起行政诉讼，经催告仍不履行行政处罚决定、加处罚款决定的，在实施行政执法过程中已经采取扣押措施的执法部门，可以将扣押的财物依法拍卖抵缴罚款。

第一百零五条 依法拍卖财物，由执法部门委托拍卖机构依照

《中华人民共和国拍卖法》的规定办理。

拍卖所得的款项应当上缴国库或者划入财政专户。任何单位或者个人不得以任何形式截留、私分或者变相私分。

第二节　行政强制执行

第一百零六条　执法部门依法作出行政决定后，当事人在执法部门决定的期限内不履行义务的，执法部门可以依法强制执行。

第一百零七条　法律规定具有行政强制执行权的执法部门依法作出强制执行决定前，应当制作《催告书》，事先以书面形式催告当事人履行义务。

第一百零八条　当事人收到催告书后有权进行陈述和申辩。执法部门应当充分听取并记录、复核。当事人提出的事实、理由或者证据成立的，执法部门应当采纳。

第一百零九条　经催告，当事人逾期仍不履行行政决定，且无正当理由的，执法部门可以依法作出强制执行决定，制作《行政强制执行决定书》，并送达当事人。

第一百一十条　有下列情形之一的，执法部门应当中止执行，制作《中止行政强制执行通知书》：

（一）当事人履行行政决定确有困难或者暂无履行能力的；

（二）第三人对执行标的主张权利，确有理由的；

（三）执行可能造成难以弥补的损失，且中止执行不损害公共利益的；

（四）执法部门认为需要中止执行的其他情形。

中止执行的情形消失后，执法部门应当恢复执行，制作《恢复行政强制执行通知书》。对没有明显社会危害，当事人确无能力履行，中止执行满三年未恢复执行的，执法部门不再执行。

第一百一十一条　有下列情形之一的，执法部门应当终结执行，制作《终结行政强制执行通知书》，并送达当事人：

（一）公民死亡，无遗产可供执行，又无义务承受人的；

（二）法人或者其他组织终止，无财产可供执行，又无义务承受人的；

（三）执行标的灭失的；

（四）据以执行的行政决定被撤销的；

（五）执法部门认为需要终结执行的其他情形。

第一百一十二条 在执行中或者执行完毕后，据以执行的行政决定被撤销、变更，或者执行错误的，应当恢复原状或者退还财物；不能恢复原状或者退还财物的，依法给予赔偿。

第一百一十三条 实施行政强制执行过程中，执法部门可以在不损害公共利益和他人合法权益的情况下，与当事人达成执行协议。执行协议可以约定分阶段履行；当事人采取补救措施的，可以减免加处的罚款或者滞纳金。

执行协议应当履行。当事人不履行执行协议的，执法部门应当恢复强制执行。

第一百一十四条 对违法的建筑物、构筑物、设施等需要强制拆除的，应当由执法部门发布《执行公告》，限期当事人自行拆除。当事人在法定期限内不申请行政复议或者提起行政诉讼，又不拆除的，执法部门可以依法强制拆除。

第一百一十五条 执法部门依法作出要求当事人履行排除妨碍、恢复原状等义务的行政决定，当事人逾期不履行，经催告仍不履行，其后果已经或者即将危害交通安全、造成环境污染或者破坏自然资源的，执法部门可以代履行，或者委托没有利害关系的第三人代履行。

第一百一十六条 代履行应当遵守下列规定：

（一）代履行前送达《代履行决定书》；

（二）代履行三日前催告当事人履行；当事人履行的，停止代履行；

（三）委托无利害关系的第三人代履行时，作出决定的执法部门应当派员到场监督；

（四）代履行完毕，执法部门到场监督的工作人员、代履行人、当事人或者见证人应当在执行文书上签名或者盖章。

代履行的费用按照成本合理确定，由当事人承担。但是，法律另有规定的除外。

第一百一十七条 需要立即清理道路、航道等的遗洒物、障碍物、污染物，当事人不能清除的，执法部门可以决定立即实施代履行；当事人不在场的，执法部门应当在事后立即通知当事人，并依法作出处理。

第三节 申请人民法院强制执行

第一百一十八条 当事人在法定期限内不申请行政复议或者提起行政诉讼，又不履行行政决定的，没有行政强制执行权的执法部门可以自期限届满之日起三个月内，依法向有管辖权的人民法院申请强制执行。

执法部门批准延期、分期缴纳罚款的，申请人民法院强制执行的期限，自暂缓或者分期缴纳罚款期限结束之日起计算。

强制执行的费用由被执行人承担。

第一百一十九条 申请人民法院强制执行前，执法部门应当制作《催告书》，催告当事人履行义务。催告书送达十日后当事人仍未履行义务的，执法部门可以向人民法院申请强制执行。

第一百二十条 执法部门向人民法院申请强制执行，应当提供下列材料：

（一）强制执行申请书；

（二）行政决定书及作出决定的事实、理由和依据；

（三）当事人的意见及执法部门催告情况；

（四）申请强制执行标的情况；

（五）法律、行政法规规定的其他材料。

强制执行申请书应当由作出处理决定的执法部门负责人签名，加盖执法部门印章，并注明日期。

第一百二十一条 执法部门对人民法院不予受理强制执行申请、不予强制执行的裁定有异议的，可以在十五日内向上一级人民法院申请复议。

第八章 案件终结

第一百二十二条 有下列情形之一的，执法人员应当制作《结案报告》，经执法部门负责人批准，予以结案：

（一）决定撤销立案的；

（二）作出不予行政处罚决定的；

（三）作出行政处罚等行政处理决定，且已执行完毕的；

（四）案件移送有管辖权的行政机关或者司法机关的；

（五）作出行政处理决定后，因执行标的灭失、被执行人死亡等客观原因导致无法执行或者无需执行的；

（六）其他应予结案的情形。

申请人民法院强制执行，人民法院受理的，按照结案处理。人民法院强制执行完毕后，执法部门应当及时将相关案卷材料归档。

第一百二十三条 经过调查，有下列情形之一的，经执法部门负责人批准，终止调查：

（一）没有违法事实的；

（二）违法行为已过追究时效的；

（三）其他需要终止调查的情形。

终止调查时，当事人的财物已被采取行政强制措施的，应当立即解除。

第九章 涉案财物的管理

第一百二十四条 对于依法查封、扣押、抽样取证的财物以及由执法部门负责保管的先行证据登记保存的财物，执法部门应当妥善保管，不得使用、挪用、调换或者损毁。造成损失的，应当承担赔偿责任。

涉案财物的保管费用由作出决定的执法部门承担。

第一百二十五条 执法部门可以建立专门的涉案财物保管场所、账户，并指定内设机构或专门人员负责对办案机构的涉案财物集中统一管理。

第一百二十六条 执法部门应当建立台账，对涉案财物逐一编号登记，载明案由、来源、保管状态、场所和去向。

第一百二十七条 执法人员应当在依法提取涉案财物后的二十四小时内将财物移交涉案财物管理人员，并办理移交手续。对查封、扣押、先行证据登记保存的涉案财物，应当在采取措施后的二十四小时内，将执法文书复印件及涉案财物的情况送交涉案财物管理人员予以登记。

在异地或者偏远、交通不便地区提取涉案财物的，执法人员应当在返回单位后的二十四小时内移交。

对情况紧急，需要在提取涉案财物后的二十四小时内进行鉴定的，经办案机构负责人批准，可以在完成鉴定后的二十四小时内移交。

第一百二十八条 容易腐烂变质及其他不易保管的物品，经执法部门负责人批准，在拍照或者录像后依法变卖或者拍卖，变卖或者拍卖的价款暂予保存，待结案后按有关规定处理。

易燃、易爆、毒害性、放射性等危险物品应当存放在符合危险物品存放条件的专门场所。

第一百二十九条 当事人下落不明或者无法确定涉案物品所有人的，执法部门按照本规定第十八条第五项规定的公告送达方式告知领取。公告期满仍无人领取的，经执法部门负责人批准，将涉案物品上缴国库或者依法拍卖后将所得款项上缴国库。

第十章　附　　则

第一百三十条　本规定所称以上、以下、以内，包括本数或者本级。

第一百三十一条　执法部门应当使用交通运输部统一制定的执法文书式样。交通运输部没有制定式样，执法工作中需要的其他执法文书，或者对已有执法文书式样需要调整细化的，省级交通运输主管部门可以制定式样。

直属海事执法部门的执法文书式样，由交通运输部海事局统一制定。

第一百三十二条　本规定自2019年6月1日起施行。交通部于1996年9月25日发布的《交通行政处罚程序规定》（交通部令1996年第7号）和交通运输部于2008年12月30日发布的《关于印发交通行政执法风纪等5个规范的通知》（交体法发〔2008〕562号）中的《交通行政执法风纪》《交通行政执法用语规范》《交通行政执法检查行为规范》《交通行政处罚行为规范》《交通行政执法文书制作规范》同时废止。

解读——

《交通运输行政执法程序规定》修订

2021年6月30日，交通运输部颁布《关于修改〈交通运输行政执法程序规定〉的决定》（交通运输部令2021年第6号），并于7月15日起与新修订的行政处罚法同步实施。为便于有关单位更好地理解相关内容，切实做好贯彻实施工作，现就修订背景和主要内容解读如下。

一、修订背景

新修订的行政处罚法对行政处罚种类、案件管辖、电子送达、非现场执法、简易程序案件范围、案件办理期限、案件听证、法制审核、罚款执行等重要内容进行了较大调整，进一步规范了行政处罚程序，强化了对当事人合法权益的保护。为进一步贯彻落实行政处罚法，切实维护交通运输从业人员合法权益，规范执法行为，交通运输部对《交通运输行政执法程序规定》进行了相应修订。

二、主要修订内容

（一）进一步保障当事人合法权益

一是根据新修订的行政处罚法，新增了从旧兼从轻的法律适用规则；二是明确了非现场执法当事人查询、陈述和申辩权的保障；三是调整了纳入听证的案件范围，延长了当事人申请听证的期限。同时，明确了依法应当不予行政处罚和可以不予行政处罚的情形，坚持无错不罚、小错轻罚，体现处罚与教育相结合的原则，充分保障当事人合法权益。

（二）进一步强化执法监督

针对实践中存在的推诿扯皮、案件久拖不决、非现场执法调查取证不规范、简易程序法律文书制作不完善、执法公示不规范等问题，根据新修订的行政处罚法，一是明确了可以设定属地管辖以外的特殊管辖规则的法律规范层级，增加了上级交通运输执法部门直接指定管辖的规定；二是规范了电子监控设备的设置、应用和证据审核；三是规范了当场行政处罚决定书记载事项，处罚决定公示撤回情形等相关内容，进一步规范执法行为。同时，为进一步加强层级监督和社会监督，新增了执法部门健全监督制度和主动接受社会监督、纠正违法行为的规定。

（三）进一步优化办案程序

根据新修订的行政处罚法，一是优化完善了普通程序，明确了执法案件办理期限以及延长办案期限的特殊情形；将行政处罚法制审核的范围调整为重大行政处罚案件，并明确其情形；调整纳入重大案件集体讨论的案件范围，进一步规范了普通程序，保障行政处罚的合法性。二是调整完善了简易程序。进一步简化了办案流程，调整了当场作出行政处罚决定的案件范围，以提升执法效率。三是在执行方面，调整了当场收缴罚款的案件适用范围，进一步明确了延期、分期缴纳罚款的申请强制执行的期限起算时间，增强可操作性。同时，为提高执法效率，便利当事人，扩大了电子送达法律文书的范围。

高层民用建筑消防安全管理规定

（2020年12月28日应急管理部第39次部务会议审议通过
2021年6月21日应急管理部第5号令公布
自2021年8月1日起施行）

第一章　总　　则

第一条　为了加强高层民用建筑消防安全管理，预防火灾和减少火灾危害，根据《中华人民共和国消防法》等法律、行政法规和国务院有关规定，制定本规定。

第二条　本规定适用于已经建成且依法投入使用的高层民用建筑

（包括高层住宅建筑和高层公共建筑）的消防安全管理。

第三条 高层民用建筑消防安全管理贯彻预防为主、防消结合的方针，实行消防安全责任制。

建筑高度超过100米的高层民用建筑应当实行更加严格的消防安全管理。

第二章 消防安全职责

第四条 高层民用建筑的业主、使用人是高层民用建筑消防安全责任主体，对高层民用建筑的消防安全负责。高层民用建筑的业主、使用人是单位的，其法定代表人或者主要负责人是本单位的消防安全责任人。

高层民用建筑的业主、使用人可以委托物业服务企业或者消防技术服务机构等专业服务单位（以下统称消防服务单位）提供消防安全服务，并应当在服务合同中约定消防安全服务的具体内容。

第五条 同一高层民用建筑有两个及以上业主、使用人的，各业主、使用人对其专有部分的消防安全负责，对共有部分的消防安全共同负责。

同一高层民用建筑有两个及以上业主、使用人的，应当共同委托物业服务企业，或者明确一个业主、使用人作为统一管理人，对共有部分的消防安全实行统一管理，协调、指导业主、使用人共同做好整栋建筑的消防安全工作，并通过书面形式约定各方消防安全责任。

第六条 高层民用建筑以承包、租赁或者委托经营、管理等形式交由承包人、承租人、经营管理人使用的，当事人在订立承包、租赁、委托管理等合同时，应当明确各方消防安全责任。委托方、出租方依照法律规定，可以对承包方、承租方、受托方的消防安全工作统一协调、管理。

实行承包、租赁或者委托经营、管理时，业主应当提供符合消防安全要求的建筑物，督促使用人加强消防安全管理。

第七条 高层公共建筑的业主单位、使用单位应当履行下列消防安全职责：

（一）遵守消防法律法规，建立和落实消防安全管理制度；

（二）明确消防安全管理机构或者消防安全管理人员；

（三）组织开展防火巡查、检查，及时消除火灾隐患；

（四）确保疏散通道、安全出口、消防车通道畅通；

（五）对建筑消防设施、器材定期进行检验、维修，确保完好有效；

（六）组织消防宣传教育培训，制定灭火和应急疏散预案，定期组织消防演练；

（七）按照规定建立专职消防队、志愿消防队（微型消防站）等消防组织；

（八）法律、法规规定的其他消防安全职责。

委托物业服务企业，或者明确统一管理人实施消防安全管理的，物业服务企业或者统一管理人应当按照约定履行前款规定的消防安全职责，业主单位、使用单位应当督促并配合物业服务企业或者统一管理人做好消防安全工作。

第八条 高层公共建筑的业主、使用人、物业服务企业或者统一管理人应当明确专人担任消防安全管理人，负责整栋建筑的消防安全管理工作，并在建筑显著位置公示其姓名、联系方式和消防安全管理职责。

高层公共建筑的消防安全管理人应当履行下列消防安全管理职责：

（一）拟订年度消防工作计划，组织实施日常消防安全管理工作；

（二）组织开展防火检查、巡查和火灾隐患整改工作；

（三）组织实施对建筑共用消防设施设备的维护保养；

（四）管理专职消防队、志愿消防队（微型消防站）等消防组织；

（五）组织开展消防安全的宣传教育和培训；

（六）组织编制灭火和应急疏散综合预案并开展演练。

高层公共建筑的消防安全管理人应当具备与其职责相适应的消防安全知识和管理能力。对建筑高度超过100米的高层公共建筑，鼓励有关单位聘用相应级别的注册消防工程师或者相关工程类中级及以上专业技术职务的人员担任消防安全管理人。

第九条 高层住宅建筑的业主、使用人应当履行下列消防安全义务：

（一）遵守住宅小区防火安全公约和管理规约约定的消防安全事项；

（二）按照不动产权属证书载明的用途使用建筑；

（三）配合消防服务单位做好消防安全工作；

（四）按照法律规定承担消防服务费用以及建筑消防设施维修、更新和改造的相关费用；

（五）维护消防安全，保护消防设施，预防火灾，报告火警，成年人参加有组织的灭火工作；

（六）法律、法规规定的其他消防安全义务。

第十条 接受委托的高层住宅建筑的物业服务企业应当依法履行下列消防安全职责：

（一）落实消防安全责任，制定消防安全制度，拟订年度消防安全工作计划和组织保障方案；

（二）明确具体部门或者人员负责消防安全管理工作；

（三）对管理区域内的共用消防设施、器材和消防标志定期进行检测、维护保养，确保完好有效；

（四）组织开展防火巡查、检查，及时消除火灾隐患；

（五）保障疏散通道、安全出口、消防车通道畅通，对占用、堵塞、封闭疏散通道、安全出口、消防车通道等违规行为予以制止；制止无效的，及时报告消防救援机构等有关行政管理部门依法处理；

（六）督促业主、使用人履行消防安全义务；

（七）定期向所在住宅小区业主委员会和业主、使用人通报消防安全情况，提示消防安全风险；

（八）组织开展经常性的消防宣传教育；

（九）制定灭火和应急疏散预案，并定期组织演练；

（十）法律、法规规定和合同约定的其他消防安全职责。

第十一条 消防救援机构和其他负责消防监督检查的机构依法对高层民用建筑进行消防监督检查，督促业主、使用人、受委托的消防服务单位等落实消防安全责任；对监督检查中发现的火灾隐患，通知有关单位或者个人立即采取措施消除隐患。

消防救援机构应当加强高层民用建筑消防安全法律、法规的宣传，督促、指导有关单位做好高层民用建筑消防安全宣传教育工作。

第十二条 村民委员会、居民委员会应当依法组织制定防火安全公约，对高层民用建筑进行防火安全检查，协助人民政府和有关部门加强消防宣传教育；对老年人、未成年人、残疾人等开展有针对性的消防宣传教育，加强消防安全帮扶。

第十三条 供水、供电、供气、供热、通信、有线电视等专业运营单位依法对高层民用建筑内由其管理的设施设备消防安全负责，并定期进行检查和维护。

第三章　消防安全管理

第十四条 高层民用建筑施工期间，建设单位应当与施工单位明确施工现场的消防安全责任。施工期间应当严格落实现场防范措施，配置消防器材，指定专人监护，采取防火分隔措施，不得影响其他区域的人员安全疏散和建筑消防设施的正常使用。

高层民用建筑的业主、使用人不得擅自变更建筑使用功能、改变防火防烟分区，不得违反消防技术标准使用易燃、可燃装修装饰材料。

第十五条 高层民用建筑的业主、使用人或者物业服务企业、统一管理人应当对动用明火作业实行严格的消防安全管理，不得在具有火灾、爆炸危险的场所使用明火；因施工等特殊情况需要进行电焊、气焊等明火作业的，应当按照规定办理动火审批手续，落实现场监护人，配备消防器材，并在建筑主入口和作业现场显著位置公告。作业人员应当依法持证上岗，严格遵守消防安全规定，清除周围及下方的易燃、可燃物，采取防火隔离措施。作业完毕后，应当进行全面检查，消除遗留火种。

高层公共建筑内的商场、公共娱乐场所不得在营业期间动火施工。

高层公共建筑内应当确定禁火禁烟区域，并设置明显标志。

第十六条 高层民用建筑内电器设备的安装使用及其线路敷设、维护保养和检测应当符合消防技术标准及管理规定。

高层民用建筑业主、使用人或者消防服务单位，应当安排专业机构或者电工定期对管理区域内由其管理的电器设备及线路进行检查；对不符合安全要求的，应当及时维修、更换。

第十七条 高层民用建筑内燃气用具的安装使用及其管路敷设、维护保养和检测应当符合消防技术标准及管理规定。禁止违反燃气安全使用规定，擅自安装、改装、拆除燃气设备和用具。

高层民用建筑使用燃气应当采用管道供气方式。禁止在高层民用建筑地下部分使用液化石油气。

第十八条 禁止在高层民用建筑内违反国家规定生产、储存、经营甲、乙类火灾危险性物品。

第十九条 设有建筑外墙外保温系统的高层民用建筑，其管理单位应当在主入口及周边相关显著位置，设置提示性和警示性标识，标示外墙外保温材料的燃烧性能、防火要求。对高层民用建筑外墙外保温系统破损、开裂和脱落的，应当及时修复。高层民用建筑在进行外墙外保温系统施工时，建设单位应当采取必要的防火隔离以及限制住人和使用的措施，确保建筑内人员安全。

禁止使用易燃、可燃材料作为高层民用建筑外墙外保温材料。禁止在其建筑内及周边禁放区域燃放烟花爆竹；禁止在其外墙周围堆放可燃物。对于使用难燃外墙外保温材料或者采用与基层墙体、装饰层之间有空腔的建筑外墙外保温系统的高层民用建筑，禁止在其外墙动火用电。

第二十条 高层民用建筑的电缆井、管道井等竖向管井和电缆桥架应当在每层楼板处进行防火封堵，管井检查门应当采用防火门。

禁止占用电缆井、管道井，或者在电缆井、管道井等竖向管井堆放杂物。

第二十一条 高层民用建筑的户外广告牌、外装饰不得采用易燃、可燃材料，不得妨碍防烟排烟、逃生和灭火救援，不得改变或者破坏建筑立面防火结构。

禁止在高层民用建筑外窗设置影响逃生和灭火救援的障碍物。

建筑高度超过50米的高层民用建筑外墙上设置的装饰、广告牌应当采用不燃材料并易于破拆。

第二十二条 禁止在消防车通道、消防车登高操作场地设置构筑物、停车泊位、固定隔离桩等障碍物。

禁止在消防车通道上方、登高操作面设置妨碍消防车作业的架空管线、广告牌、装饰物等障碍物。

第二十三条 高层公共建筑内餐饮场所的经营单位应当及时对厨房灶具和排油烟罩设施进行清洗，排油烟管道每季度至少进行一次检查、清洗。

高层住宅建筑的公共排油烟管道应当定期检查，并采取防火措施。

第二十四条 除为满足高层民用建筑的使用功能所设置的自用物品暂存库房、档案室和资料室等附属库房外，禁止在高层民用建筑内设置其他库房。

高层民用建筑的附属库房应当采取相应的防火分隔措施，严格遵守有关消防安全管理规定。

第二十五条 高层民用建筑内的锅炉房、变配电室、空调机房、自备发电机房、储油间、消防水泵房、消防水箱间、防排烟风机房等设备用房应当按照消防技术标准设置，确定为消防安全重点部位，设置明显的防火标志，实行严格管理，并不得占用和堆放杂物。

第二十六条 高层民用建筑消防控制室应当由其管理单位实行24小时值班制度，每班不应少于2名值班人员。

消防控制室值班操作人员应当依法取得相应等级的消防行业特有工种职业资格证书，熟练掌握火警处置程序和要求，按照有关规定检查自动消防设施、联动控制设备运行情况，确保其处于正常工作状态。

消防控制室内应当保存高层民用建筑总平面布局图、平面布置图和消防设施系统图及控制逻辑关系说明、建筑消防设施维修保养记录和检测报告等资料。

第二十七条 高层公共建筑内有关单位、高层住宅建筑所在社区居民委员会或者物业服务企业按照规定建立的专职消防队、志愿消防队（微型消防站）等消防组织，应当配备必要的人员、场所和器材、装备，定期进行消防技能培训和演练，开展防火巡查、消防宣传，及时处置、扑救初起火灾。

第二十八条 高层民用建筑的疏散通道、安全出口应当保持畅通，禁止堆放物品、锁闭出口、设置障碍物。平时需要控制人员出入或者设有门禁系统的疏散门，应当保证发生火灾时易于开启，并在现场显著位置设置醒目的提示和使用标识。

高层民用建筑的常闭式防火门应当保持常闭，闭门器、顺序器等部件应当完好有效；常开式防火门应当保证发生火灾时自动关闭并反馈信号。

禁止圈占、遮挡消火栓，禁止在消火栓箱内堆放杂物，禁止在防火卷帘下堆放物品。

第二十九条 高层民用建筑内应当在显著位置设置标识，指示避难层（间）的位置。

禁止占用高层民用建筑避难层（间）和避难走道或者堆放杂物，禁止锁闭避难层（间）和避难走道出入口。

第三十条 高层公共建筑的业主、使用人应当按照国家标准、行业标准配备灭火器材以及自救呼吸器、逃生缓降器、逃生绳等逃生疏散设施器材。

高层住宅建筑应当在公共区域的显著位置摆放灭火器材，有条件的配置自救呼吸器、逃生绳、救援哨、疏散用手电筒等逃生疏散设施器材。

鼓励高层住宅建筑的居民家庭制定火灾疏散逃生计划，并配置必要的灭火和逃生疏散器材。

第三十一条 高层民用建筑的消防车通道、消防车登高操作场地、灭火救援窗、灭火救援破拆口、消防车取水口、室外消火栓、消防水泵接合器、常闭式防火门等应当设置明显的提示性、警示性标识。消防车通道、消防车登高操作场地、防火卷帘下方还应当在地面标识出禁止占用的区域范围。消火栓箱、灭火器箱上应当张贴使用方法的标识。

高层民用建筑的消防设施配电柜电源开关、消防设备用房内管道阀门等应当标识开、关状态；对需要保持常开或者常闭状态的阀门，应当采取铅封等限位措施。

第三十二条 不具备自主维护保养检测能力的高层民用建筑业主、使用人或者物业服务企业应当聘请具备从业条件的消防技术服务机构或者消防设施施工安装企业对建筑消防设施进行维护保养和检测；存在故障、缺损的，应当立即组织维修、更换，确保完好有效。

因维修等需要停用建筑消防设施的，高层民用建筑的管理单位应当严格履行内部审批手续，制定应急方案，落实防范措施，并在建筑入口处等显著位置公告。

第三十三条 高层公共建筑消防设施的维修、更新、改造的费用，由业主、使用人按照有关法律规定承担，共有部分按照专有部分建筑面积所占比例承担。

高层住宅建筑的消防设施日常运行、维护和维修、更新、改造费用，由业主依照法律规定承担；委托消防服务单位的，消防设施的日常运行、维护和检测费用应当纳入物业服务或者消防技术服务专项费用。共用消防设施的维修、更新、改造费用，可以依法从住宅专项维修资金列支。

第三十四条 高层民用建筑应当进行每日防火巡查，并填写巡查记录。其中，高层公共建筑内公众聚集场所在营业期间应当至少每 2 小时进行一次防火巡查，医院、养老院、寄宿制学校、幼儿园应当进行白天和夜间防火巡查，高层住宅建筑和高层公共建筑内的其他场所可以结合实际确定防火巡查的频次。

防火巡查应当包括下列内容：

（一）用火、用电、用气有无违章情况；

（二）安全出口、疏散通道、消防车通道畅通情况；

（三）消防设施、器材完好情况，常闭式防火门关闭情况；

（四）消防安全重点部位人员在岗在位等情况。

第三十五条 高层住宅建筑应当每月至少开展一次防火检查，高层公共建筑应当每半个月至少开展一次防火检查，并填写检查记录。

防火检查应当包括下列内容：

（一）安全出口和疏散设施情况；

（二）消防车通道、消防车登高操作场地和消防水源情况；

（三）灭火器材配置及有效情况；

（四）用火、用电、用气和危险品管理制度落实情况；

（五）消防控制室值班和消防设施运行情况；

（六）人员教育培训情况；

（七）重点部位管理情况；

（八）火灾隐患整改以及防范措施的落实等情况。

第三十六条 对防火巡查、检查发现的火灾隐患，高层民用建筑的业主、使用人、受委托的消防服务单位，应当立即采取措施予以整改。

对不能当场改正的火灾隐患，应当明确整改责任、期限，落实整改措施，整改期间应当采取临时防范措施，确保消防安全；必要时，应当暂时停止使用危险部位。

第三十七条 禁止在高层民用建筑公共门厅、疏散走道、楼梯间、安全出口停放电动自行车或者为电动自行车充电。

鼓励在高层住宅小区内设置电动自行车集中存放和充电的场所。电动自行车存放、充电场所应当独立设置，并与高层民用建筑保持安全距离；确需设置在高层民用建筑内的，应当与该建筑的其他部分进行防火分隔。

电动自行车存放、充电场所应当配备必要的消防器材，充电设施应当具备充满自动断电功能。

第三十八条 鼓励高层民用建筑推广应用物联网和智能化技术手段对电气、燃气消防安全和消防设施运行等进行监控和预警。

未设置自动消防设施的高层住宅建筑，鼓励因地制宜安装火灾报警和喷水灭火系统、火灾应急广播以及可燃气体探测、无线手动火灾报警、无线声光火灾警报等消防设施。

第三十九条 高层民用建筑的业主、使用人或者消防服务单位、统一管理人应当每年至少组织开展一次整栋建筑的消防安全评估。消防安全评估报告应当包括存在的消防安全问题、火灾隐患以及改进措施等内容。

第四十条 鼓励、引导高层公共建筑的业主、使用人投保火灾公众责任保险。

第四章 消防宣传教育和灭火疏散预案

第四十一条 高层公共建筑内的单位应当每半年至少对员工开展一

次消防安全教育培训。

高层公共建筑内的单位应当对本单位员工进行上岗前消防安全培训，并对消防安全管理人员、消防控制室值班人员和操作人员、电工、保安员等重点岗位人员组织专门培训。

高层住宅建筑的物业服务企业应当每年至少对居住人员进行一次消防安全教育培训，进行一次疏散演练。

第四十二条 高层民用建筑应当在每层的显著位置张贴安全疏散示意图，公共区域电子显示屏应当播放消防安全提示和消防安全知识。

高层公共建筑除遵守本条第一款规定外，还应当在首层显著位置提示公众注意火灾危险，以及安全出口、疏散通道和灭火器材的位置。

高层住宅小区除遵守本条第一款规定外，还应当在显著位置设置消防安全宣传栏，在高层住宅建筑单元入口处提示安全用火、用电、用气，以及电动自行车存放、充电等消防安全常识。

第四十三条 高层民用建筑应当结合场所特点，分级分类编制灭火和应急疏散预案。

规模较大或者功能业态复杂，且有两个及以上业主、使用人或者多个职能部门的高层公共建筑，有关单位应当编制灭火和应急疏散总预案，各单位或者职能部门应当根据场所、功能分区、岗位实际编制专项灭火和应急疏散预案或者现场处置方案（以下统称分预案）。

灭火和应急疏散预案应当明确应急组织机构，确定承担通信联络、灭火、疏散和救护任务的人员及其职责，明确报警、联络、灭火、疏散等处置程序和措施。

第四十四条 高层民用建筑的业主、使用人、受委托的消防服务单位应当结合实际，按照灭火和应急疏散总预案和分预案分别组织实施消防演练。

高层民用建筑应当每年至少进行一次全要素综合演练，建筑高度超过 100 米的高层公共建筑应当每半年至少进行一次全要素综合演练。编制分预案的，有关单位和职能部门应当每季度至少进行一次综合演练或者专项灭火、疏散演练。

演练前，有关单位应当告知演练范围内的人员并进行公告；演练时，应当设置明显标识；演练结束后，应当进行总结评估，并及时对预案进行修订和完善。

第四十五条 高层公共建筑内的人员密集场所应当按照楼层、区域确定疏散引导员，负责在火灾发生时组织、引导在场人员安全疏散。

第四十六条 火灾发生时，发现火灾的人员应当立即拨打 119 电话报警。

火灾发生后，高层民用建筑的业主、使用人、消防服务单位应当迅速启动灭火和应急疏散预案，组织人员疏散，扑救初起火灾。

火灾扑灭后，高层民用建筑的业主、使用人、消防服务单位应当组织保护火灾现场，协助火灾调查。

第五章 法律责任

第四十七条 违反本规定，有下列行为之一的，由消防救援机构责令改正，对经营性单位和个人处 2000 元以上 10000 元以下罚款，对非经营性单位和个人处 500 元以上 1000 元以下罚款：

（一）在高层民用建筑内进行电焊、气焊等明火作业，未履行动火审批手续、进行公告，或者未落实消防现场监护措施的；

（二）高层民用建筑设置的户外广告牌、外装饰妨碍防烟排烟、逃生和灭火救援，或者改变、破坏建筑立面防火结构的；

（三）未设置外墙外保温材料提示性和警示性标识，或者未及时修复破损、开裂和脱落的外墙外保温系统的；

（四）未按照规定落实消防控制室值班制度，或者安排不具备相应条件的人员值班的；

（五）未按照规定建立专职消防队、志愿消防队等消防组织的；

（六）因维修等需要停用建筑消防设施未进行公告、未制定应急预案或者未落实防范措施的；

（七）在高层民用建筑的公共门厅、疏散走道、楼梯间、安全出口停放电动自行车或者为电动自行车充电，拒不改正的。

第四十八条 违反本规定的其他消防安全违法行为，依照《中华人民共和国消防法》第六十条、第六十一条、第六十四条、第六十五条、第六十六条、第六十七条、第六十八条、第六十九条和有关法律法规予以处罚；构成犯罪的，依法追究刑事责任。

第四十九条 消防救援机构及其工作人员在高层民用建筑消防监督检查中，滥用职权、玩忽职守、徇私舞弊的，对直接负责的主管人员和其他直接责任人员依法给予处分；构成犯罪的，依法追究刑事责任。

第六章 附 则

第五十条 本规定下列用语的含义：

（一）高层住宅建筑，是指建筑高度大于 27 米的住宅建筑。

（二）高层公共建筑，是指建筑高度大于 24 米的非单层公共建筑，包括宿舍建筑、公寓建筑、办公建筑、科研建筑、文化建筑、商业建筑、体育建筑、医疗建筑、交通建筑、旅游建筑、通信建筑等。

（三）业主，是指高层民用建筑的所有权人，包括单位和个人。

（四）使用人，是指高层民用建筑的承租人和其他实际使用人，包括单位和个人。

第五十一条 本规定自 2021 年 8 月 1 日起施行。

应急管理部消防救援局相关负责人就《高层民用建筑消防安全管理规定》答记者问

为了加强高层民用建筑消防安全管理，预防火灾和减少火灾危害，应急管理部制定了《高层民用建筑消防安全管理规定》（以下简称《规定》），自2021年8月1日起施行。应急管理部消防救援局负责同志就《规定》有关问题回答了记者提问。

问：《规定》出台的背景是什么？

答：高层民用建筑包括高层住宅建筑和高层公共建筑。高层住宅建筑是指建筑高度大于27米的住宅建筑；高层公共建筑是指建筑高度大于24米的非单层公共建筑，包括办公建筑、科研建筑、文化建筑、商业建筑、体育建筑、医疗建筑、交通建筑、旅游建筑、通信建筑、宿舍建筑、公寓建筑等。随着我国经济社会的快速发展，高层民用建筑数量剧增，据不完全统计，全国目前已有75.6万幢，随之而来的消防安全问题日益突出，近年来火灾多发，造成大量人员伤亡和财产损失，消防安全形势十分严峻，主要体现在：一是建筑体量大、功能复杂，整体风险高；二是消防安全条件不达标，历史遗留问题突出；三是日常消防管理不到位，自防自救能力差；四是一旦发生火灾，火势蔓延途径多、速度快，人员疏散困难，救援难度大。

目前我国有关高层民用建筑的消防安全管理要求散见于各种规定、

规范性文件和技术标准中，内容不够系统、具体，难以适应工作需要，有必要出台一部全面规范和加强高层民用建筑消防安全管理工作的规定。应急管理部经过调查研究、广泛征求意见，反复修改完善，制定了《规定》。《规定》于 2020 年 12 月 28 日经应急管理部第 39 次部务会议审议通过，2021 年 6 月 21 日以应急管理部令第 5 号发布。

问：《规定》的出台有什么重要意义？

答：《规定》对高层民用建筑的消防安全职责、消防安全管理、消防宣传教育和灭火疏散预案、法律责任等方面作出了系统性规定。《规定》的制定是贯彻落实党中央深化消防执法改革等决策部署和贯彻实施消防法等法律规定的重要举措。《规定》的出台，进一步完善了我国消防法律法规体系，对防范化解高层民用建筑重大安全风险、落实各方消防安全责任、提升消防安全管理水平、预防火灾和减少火灾危害，最大限度地保护人民群众生命财产安全具有重要意义。

问：高层公共建筑业主单位、使用单位应当履行哪些消防安全职责？

答：高层公共建筑业态、功能复杂多样，人员密集、流动性大，可燃物多、火灾荷载大，一旦发生火灾，极易造成重大人员伤亡和财产损失，与其他建筑相比，火灾风险更高、消防管理难度更大，《规定》对其业主单位、使用单位提出更加严格的职责要求，主要有：遵守消防法律法规，建立和落实消防安全管理制度；明确消防安全管理机构或者消防安全管理人员；组织开展防火巡查、检查，及时消除火灾隐患；确保疏散通道、安全出口、消防车通道畅通；对建筑消防设施、器材定期进行检验、维修，确保完好有效；组织开展消防宣传教育培训，制定灭火和应急疏散预案，定期组织消防演练；按照规定建立专职消防队、志愿消防队（微型消防站）等消防组织以及法律、法规规定的其他消防安全职责。

问：《规定》对高层公共建筑的消防安全管理人是如何要求的？

答：高层公共建筑的业主、使用人、物业服务企业或者统一管理人应当明确专人担任消防安全管理人。消防安全管理人的姓名、联系方式和消防安全管理职责应当在建筑显著位置公示。

消防安全管理人具体负责整栋建筑的消防安全管理，主要职责有：拟订年度消防工作计划，组织实施日常消防安全管理工作；组织开展防火检查巡查和火灾隐患整改；组织实施建筑共用消防设施维护保养；管理消防组织；组织开展消防安全宣传教育培训；组织编制灭火和应急疏散综合预案并开展演练。

考虑到高层公共建筑的消防安全管理专业性、技术性较强，《规定》要求消防安全管理人应当具备与其职责相适应的消防安全知识和管理能力。同时，对建筑高度超过100米的高层公共建筑，鼓励聘用相应级别的注册消防工程师或者相关工程类中级及以上专业技术职务的人员担任消防安全管理人。

问：《规定》对高层住宅建筑的业主、使用人明确了哪些消防安全义务？

答：高层住宅建筑消防安全涉及千家万户，与居民的日常生活息息相关，每个业主、使用人承担着维护消防安全、参与消防安全管理的义务。《规定》对此进行了细化和明确，主要有：遵守住宅小区防火安全公约和管理规约约定的消防安全事项；按照不动产权属证书载明的用途使用建筑；配合消防服务单位做好消防安全工作；按照法律规定承担消防服务费用以及消防设施维修、更新和改造的相关费用；维护消防安全，保护消防设施，预防火灾，报告火警，成年人参加有组织的灭火工作以及法律、法规规定的其他消防安全义务。

问：《规定》对高层民用建筑接受委托的物业服务企业的消防安全职责是如何规定的？

答：目前，我国大多数高层公共建筑和高层住宅建筑都委托物业服务企业提供服务。物业服务企业根据法律规定和合同约定，承担着消防安全管理职责，对维护高层民用建筑消防安全发挥重要的作用。

民法典、消防法对物业服务企业应当承担的消防安全工作都作出了规定，为更好地落实好法律规定，《规定》区分不同类型建筑对物业服务企业的消防安全职责进行了明确和细化。

对于高层公共建筑，接受委托的物业服务企业实施消防安全管理，物业服务企业应当按照约定履行业主单位、使用单位的消防安全职责。对于高层住宅建筑，接受委托的物业服务企业要落实消防安全责任，制定消防安全制度，拟订年度消防安全工作计划和组织保障方案，明确具体部门或者人员负责消防安全管理工作，防火巡查、检查和消除火灾隐患，保障疏散通道、安全出口、消防车通道畅通，督促业主、使用人履行消防安全义务，定期通报消防安全情况和提示消防安全风险，组织开展经常性的消防宣传教育，制定灭火和应急疏散预案和定期组织演练。

问：《规定》对多产权、多使用权高层民用建筑消防安全责任是如何规定的？

答：依据消防法第十八条，《规定》进一步明确了多产权、多使用权高层民用建筑的消防安全责任，规定各业主、使用人对专有部分的消防安全负责，对共有部分的消防安全共同负责。同时，细化了共同负责的具体要求：一是所有业主和使用人应当共同委托物业服务企业或明确一名业主、使用人作为统一管理人；二是统一管理人对高层民用建筑共有部分的消防安全实行统一管理，协调、指导业主、使用人共同做好整栋建筑的消防安全工作；三是通过书面形式约定各方的消防安全责任。

问：《规定》对实行承包、租赁或者委托经营管理的消防安全责任是如何规定的？

答：不少高层民用建筑实行承包、租赁或者委托经营管理，业主和承包人、承租人、经营管理人在确定承包、租赁、委托经营管理关系时，没有明确消防安全责任，各方消防安全职责不清，在工作中各自为政，发生问题时互相推诿扯皮；还有一些业主将不具备消防安全条件的建筑出租、委托经营，在出租、委托经营之后放手不管，没有承担起相应的消防管理责任，导致这类建筑消防安全问题丛生。为避免出现上述问题，《规定》对承包、租赁或者委托经营管理有关当事人消防安全职责作出了明确规定：一是当事人在订立承包、租赁、委托管理等合同时，应当明确各方消防安全责任；二是业主应当提供符合消防安全要求的建筑物，并督促使用人加强消防安全管理；三是委托方、出租方依照法律规定，可以对承包方、承租方、受托方的消防安全工作统一协调、管理。

问：《规定》对高层民用建筑内动用明火作业是如何规定的？

答： 电焊、气焊等动用明火作业火灾风险大，焊接或切割作业时产生电弧或明火，伴有大量的火星飞溅和高温熔渣滴落，遇有可燃物时，极易引发火灾。近年来，由此引起的重特大火灾屡见不鲜，如2010年上海市静安区胶州路高层公寓“11·15”特别重大火灾、2017年天津市河西区君谊大厦“12·1”重大火灾，都造成了重大人员伤亡，教训十分惨痛。在高层民用建筑内动用明火作业，应该提出更为严格的消防安全管理要求。为此，《规定》明确：一是因施工等特殊情况需要进行明火作业的，应当按照规定办理动火审批手续，落实现场监护人，配备消防器材，并在建筑主入口和作业现场显著位置公告；二是作业人员应当依法持证上岗，严格遵守消防安全规定，清除周围及下方的易燃、可燃物，采取防火隔离措施，作业完毕后，应当进行全面检查，消除遗留火种；三是高层公共建筑内的商场、公共娱乐场所不得在营业期间动火施工；四是不得在具有火灾、爆炸危险的场所使用明火。

同时，《规定》对在高层民用建筑内违规电焊、气焊等明火作业的行为设定了罚则：对未履行动火审批手续、进行公告，或者未落实消防现场监护措施的，由消防救援机构对经营性单位和个人处2000元以上10000元以下罚款，对非经营性单位和个人最高处500元以上1000元以下罚款。

问：《规定》对高层民用建筑的外墙外保温系统有什么消防安全管

理要求？

答：我国建筑外保温系统中大量应用可燃的有机保温材料，还有一些直接使用聚氨酯、聚苯乙烯等易燃可燃材料，这种材料易燃烧、烟气毒性大，着火后蔓延迅速，容易形成建筑内外连通、大面积的立体燃烧。近年来，高层民用建筑外墙外保温系统火灾屡屡发生，造成重大人员伤亡和财产损失，如2009年中央电视台新址北配楼“2·9”火灾、2011年沈阳皇朝万鑫国际大厦“2·3”火灾等。为加强高层民用建筑外墙外保温系统消防安全管理，《规定》作出了明确规定：一是设有建筑外墙外保温系统的高层民用建筑，其管理单位应当在主入口及周边相关显著位置，设置提示性和警示性标识，标示外墙外保温材料的燃烧性能、防火要求。二是对外墙外保温系统破损、开裂和脱落的，应当及时修复。三是高层民用建筑在进行外墙外保温系统施工时，建设单位应当采取必要的防火隔离以及限制住人和使用的措施，确保建筑内人员安全。禁止使用易燃、可燃材料作为高层民用建筑外墙外保温材料。四是禁止在建筑及周边禁放区域燃放烟花爆竹，禁止在其外墙周围堆放可燃物。五是对于使用难燃外墙外保温材料或者采用与基层墙体、装饰层之间有空腔的建筑外墙外保温系统的高层民用建筑，禁止在其外墙动火用电。

同时，《规定》对高层民用建筑外墙外保温系统消防安全管理设定了罚则：对未设置外墙外保温材料提示性和警示性标识，或者未及时修复破损、开裂和脱落的外墙外保温系统的，由消防救援机构责令改正，对经营性单位和个人处2000元以上10000元以下罚款，对非经营性单位和个人处500元以上1000元以下罚款。

问：在高层民用建筑公共区域内电动自行车停放、充电有哪些危害？对这类违规行为是如何规定的？

答：近年来，电动自行车以其经济、便捷等特点，成为群众出行的重要交通工具，全国社会保有量已接近3亿辆。与此同时，由于产品质量问题、违规停放、充电不规范、安全意识不强等原因，电动自行车火灾呈多发频发趋势，不少城乡居民习惯将电动自行车进楼入户停放、充电，有的甚至停放在公共门厅、疏散走道、楼梯间、安全出口等公共区域，一旦起火燃烧，产生的火焰和高温有毒烟气在很短时间内充满整个空间和通道，导致人员疏散逃生困难，极易造成人员伤亡。仅2009年以来，全国共发生一次死亡3人以上的电动自行车火灾事故70余起，死亡近400人，其中，2011年北京市大兴区旧宫镇“4·25”火灾造成18人死亡，2017年浙江省台州市玉环市“9·25”火灾造成11人死亡，2018年广东省清远市英德市“4·24”火灾造成18人死亡，给人民群众生命财产安全造成重大损失。

为加强电动自行车使用管理，《规定》第三十七条明确，禁止在高层民用建筑公共门厅、疏散走道、楼梯间、安全出口停放电动自行车或者为电动自行车充电。对违反上述要求，拒不改正的，由消防救援机构对经营性单位和个人处2000元以上10000元以下罚款，对非经营性单位和个人处500元以上1000元以下罚款。

问：对电动自行车违规充电、停放的行为，业主、使用人及物业服务企业应尽哪些义务？

答：业主、使用人都有维护消防安全的义务，当发现在高层民用建筑公共门厅、疏散走道、楼梯间、安全出口等处停放电动自行车或者为电动自行车充电的违规行为时，应当及时劝阻，或者向物业服务企业反映。物业服务企业要认真开展防火巡查、检查，对业主反映和防火巡查、检查发现的上述违规行为应当予以制止；制止无效的，及时报告消防救援机构等有关行政管理部门依法处理。

问：高层民用建筑电动自行车停放、充电场所是如何规定的？

答：为方便居民电动自行车停放、充电，同时确保消防安全，《规定》第三十七条鼓励在高层住宅小区内设置电动自行车集中存放和充电的场所。同时，《规定》要求，电动自行车存放和充电的场所一般应当独立设置，并与高层民用建筑保持安全距离；确需设置在高层民用建筑内的，要与该建筑的其他部分进行防火分隔。《规定》还对这类场所应当配备必要的消防器材、充电设施应当具备充满自动断电功能提出了要求。

问：高层民用建筑的消防设施日常运行、维护和维修、更新、改造有哪些规定，如何确保其完好有效？

答：建筑消防设施包括火灾自动报警系统、自动灭火系统、消火栓系统、防排烟系统以及安全疏散设施等。建筑消防设施能否发挥预防火灾和扑救初期火灾、控制火灾蔓延以及保护人员疏散的作用，关键在于做好日常的检查和维护保养，确保完好有效。依据消防法，机关、团体、企业、事业等单位应当定期对建筑消防设施组织检验、维修、检测，确保完好有效。但在实际工作中，一些高层民用建筑业主、使用人或者物业服务企业不具备自主维护保养检测能力，《规定》对此要求，应当聘请具备从业条件的消防技术服务机构或者消防设施施工安装企业对建筑消防设施进行维护保养和检测；存在故障、缺损的，应当立即组织维修、更换，确保完好有效。因维修等需要停用建筑消防设施的，高层民用建筑的管理单位应当严格履行内部审批手续，制定应急方案，落实防范措施，并在建筑入口处等显著位置公告。

关于高层公共建筑消防设施的维修、更新、改造的费用，《规定》明确由业主、使用人按照有关法律规定承担，共有部分按照专有部分建筑面积所占比例承担。高层住宅建筑的消防设施日常运行、维护和维修、更新、改造费用，由业主依照法律规定承担；委托消防服务单位的，消防设施的日常运行、维护和检测费用应当纳入物业服务或者消防技术服务专项费用。共用消防设施的维修、更新、改造费用，可以依法从住宅专项维修资金列支。

问：《规定》对高层民用建筑内的单位开展消防宣传教育是如何规定的？

答： 消防宣传教育是全社会的共同职责。开展消防宣传教育，提高单位和个人的消防法制观念和消防安全意识，对于预防火灾和减少火灾危害具有重要意义。《规定》分别对高层公共建筑和高层住宅建筑的消防安全宣传教育和培训进行了明确。

针对高层公共建筑，要求建筑内的单位每半年至少对员工开展一次消防安全教育培训；对本单位员工进行上岗前消防安全培训，并对消防安全管理人员、消防控制室值班人员和操作人员、电工、保安员等重点岗位人员组织专门培训；在每层的显著位置张贴安全疏散示意图，通过公共区域电子显示屏播放消防安全提示和消防安全知识；在首层显著位置提示公众注意火灾危险，以及安全出口、疏散通道和灭火器材的位置。

针对高层住宅建筑，要求物业服务企业每年至少对居住人员开展一次消防安全教育培训，组织一次疏散演练；在每层的显著位置张贴安全疏散示意图，通过公共区域电子显示屏播放消防安全提示和消防安全知识；在显著位置设置消防安全宣传栏，在单元入口处提示安全用火、用电、用气，以及电动自行车存放、充电等消防安全常识。

问：《规定》对高层民用建筑灭火和应急疏散预案是如何规定的？

答： 灭火和应急疏散预案对快速处置初期火灾事故，迅速疏散被困人员，减少火灾造成的财产损失起到重要作用。制定灭火和应急疏散预案，并定期开展消防演练是高层民用建筑业主、使用人和物业服务企业等相关单位应当履行的法定职责。《规定》明确了预案编制的要求：高层民用建筑应当结合场所特点，分级分类编制灭火和应急疏散预案；预案应当明确应急组织机构，确定承担通信联络、灭火、疏散和救护任务的人员及其职责，明确报警、联络、灭火、疏散等处置程序和措施。对于规模较大或者功能业态复杂，且有两个及以上业主、使用人或者多个职能部门的高层公共建筑，应当编制灭火和应急疏散总预案，各单位或者职能部门应当根据场所、功能分区、岗位实际编制专项灭火和应急疏散预案或者现场处置方案（统称分预案）。

《规定》还明确了消防演练的要求：高层民用建筑应当每年至少进行一次全要素综合演练，建筑高度超过100米的高层公共建筑应当每半年至少进行一次全要素综合演练；编制分预案的，有关单位和职能部门应当每季度至少进行一次综合演练或者专项灭火、疏散演练。演练前，有关单位应当告知演练范围内的人员并进行公告；演练时，应当设置明显标识；演练结束后，应当进行总结评估，并及时对预案进行修订和完善。

问：影响高层民用建筑消防安全的违法行为需要承担什么法律责任？

答：《规定》对消防法等法律法规没有明确规定，且对高层民用建筑的消防安全影响较大的七种常见违法行为，设定了罚款的行政处罚。除前面提到的有关动用明火作业、外墙外保温系统、电动自行车停放充电等方面的违规行为外，还对高层民用建筑设置的户外广告牌、外装饰妨碍防烟排烟、逃生和灭火救援，或者改变、破坏建筑立面防火结构；未按照规定落实消防控制室值班制度，或者安排不具备相应条件的人员值班；未按照规定建立专职消防队、志愿消防队等消防组织；因维修等需要停用建筑消防设施未进行公告、未制定应急预案或者未落实防范措施等违法行为，明确了法律责任，由消防救援机构责令改正，对经营性单位和个人处2000元以上10000元以下罚款，对非经营性单位和个人处500元以上1000元以下罚款。

同时，对违反《规定》的其他消防安全违法行为，可以依照消防法有关条款和有关法律法规予以处罚；构成犯罪的，依法追究刑事责任。

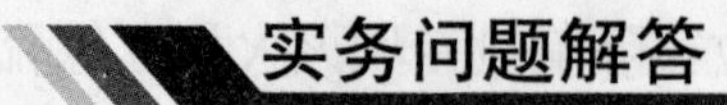

实务问题解答

债权人能否依据确认之诉的判决申请强制执行

王　赫*

问：债权人能否依据确认之诉的判决申请强制执行？

参考意见：根据诉讼请求的性质和内容，民事诉讼法理论将“诉”分为给付之诉、形成之诉、确认之诉。给付之诉是指原告请求法院判令对方当事人履行一定义务的诉讼。例如，原告请求法院判令被告返还借款100万元。形成之诉又称为变更之诉，是指原告请求法院变更其某种法律关系的诉讼。例如，原告请求法院判决撤销被告将房产无偿转让第三人的行为。确认之诉是指原告请求确认某种法律关系存在或者不存在的诉讼。例如，原告请求法院确认其与被告之间的买卖合同有效。

通常而言，只有给付之诉的判决才有执行力，可以成为执行依据。这是因为虽然给付之诉的判决已经命令被告为一定给付，但在其实际完成该给付之前，原告的请求并未得到满足。此时，原告就需要借助国家的强制力，强制被告履行。与之相对，确认之诉或者形成之诉的判决一

* 最高人民法院执行局综合办公室借调干部。

经生效，原告的请求就已经获得满足——某种法律关系已经法院确认存在或者不存在，或者已经法院宣告变更，没有强制执行的必要。

正因如此，我国司法解释明确将“生效法律文书具有给付内容”作为受理强制执行申请的条件。根据《最高人民法院关于人民法院执行工作若干问题的规定（试行）》第16条第1款第3项之规定，人民法院受理执行案件的条件包括“申请执行的法律文书有给付内容，且执行标的和被执行人明确”。《最高人民法院关于适用〈中华人民共和国民事诉讼法〉的解释》第四百六十三条第一款规定，当事人申请人民法院执行的生效法律文书应当给付内容明确。

综上，没有给付内容的判决不能作为执行依据，债权人依据此类判决申请执行的，人民法院不应受理。同时，鉴于司法实务中有些诉讼并非单纯的确认之诉、给付之诉或者形成之诉，而是两者甚至三者结合，为充分维护当事人的合法权益，节约司法资源，在确定某个判决是否有明确的给付内容时，人民法院除依据裁判主文外，还可以适当结合当事人的诉讼请求、裁判事实及理由。例如，分割共有物诉讼中，原告仅请求分割，未请求交付分割所得财产，人民法院亦未判决交付的，虽然裁判主文未明言给付内容，但亦应认可此类判决具有执行力。又如，原告仅请求确认合同无效，未请求对方为其他给付，人民法院亦未判决给付的，如果裁判事实及理由中已认定对方基于无效合同取得财产，则权利人得基于该判决申请强制执行，请求对方返还相应财产。

新类型疑难案例选评

赵某不服上海市公安局长宁分局、上海市公安局行政处罚决定及行政复议决定案

沈　丹*

【裁判要旨】

在治安管理中，行为人具有猥亵的故意且实施了亲吻、搂抱、舌舔、触摸等行为，并违反行为对象的意志，构成猥亵，一般不存在主动消除或者减轻违法行为危害后果的情形，甚少适用行政处罚法第二十七条[①]关于从轻、减轻和不予处罚之规定。

【基本案情】

原告赵某。

被告上海市公安局长宁分局。

被告上海市长宁区人民政府。

第三人张某。

* 作者单位：上海市第二中级人民法院行政审判庭。

① 此处引用的是审理案件时所依据的2017年行政处罚法。2021年修订的行政处罚法第三十二条和第三十三条吸收了2017年行政处罚法第二十七条所规定的内容。

2019年8月5日8时30分许，原告赵某与第三人张某在上海市某医院室外通道处迎面行走至相遇时，原告伸出右手摸了第三人臀部后离开，第三人遂报警。上海市公安局长宁分局（以下简称长宁公安分局）经调查，认定原告的上述行为构成猥亵，拟对原告处行政拘留七日，并告知原告享有陈述和申辩的权利。原告明确不提出陈述、申辩。长宁公安分局遂于2019年8月5日作出长公行罚决字（2019）102822号行政处罚决定，认定原告于2019年8月5日8时30分许在上海市某医院室外通道处有猥亵的违法行为。根据治安管理处罚法第四十四条之规定，决定对原告处行政拘留七日。原告不服，向上海市长宁区人民政府（以下简称长宁区政府）申请行政复议。长宁区政府于2019年12月5日作出长府复字（2019）第71行政复议决定予以维持。原告仍不服，提起行政诉讼，请求法院判决撤销上述行政处罚决定及行政复议决定。

原告赵某诉称，其出于恶作剧的心理与第三人发生了肢体接触，并不存在猥亵动机，该行为确实不当，但不构成猥亵。根据治安管理处罚法第四十四条之规定，猥亵他人情节恶劣的，处五日以上十日以下拘留，原告的行为不构成情节恶劣，且认错态度良好，也愿意向第三人道歉，故原告不应适用该条规定，被诉行政处罚过重。故请求法院判决撤销长公行罚决字（2019）102822号行政处罚决定及长府复字（2019）第71行政复议决定。

被告长宁公安分局辩称，原告上述行为构成猥亵并非恶作剧行为。第三人系年轻女性，在接受公安机关询问时陈述其非常恐惧，原告的行为对其身心均造成了很大伤害。被告根据原告行为的性质及违法程度，依据治安管理处罚法第四十四条规定，对原告处行政拘留七日，认定事实清楚，适用法律正确，裁量适当，程序合法，故请求法院驳回原告的诉讼请求。

被告长宁区政府辩称，其经复议审理认定被诉行政处罚决定事实清楚，程序合法，适用法律正确，裁量适当，遂在法定期限内作出被诉行政复议决定予以维持，并无不当，故请求法院驳回原告诉讼请求。

第三人张某未到庭陈述意见。

【裁判结果】

法院生效判决认为，该案争议焦点为原告赵某的上述行为是否构成猥亵，被诉行政处罚决定适用法律是否正确，裁量是否适当。根据治安管理处罚法第四十四条的规定，猥亵他人的，处五日以上十日以下拘留，并非猥亵他人且情节恶劣的，处五日以上十日以下拘留，若猥亵他人情节严重的，应处十日以上十五日以下拘留。本案原告与第三人互不相识，原告在违背了第三人意志的情况下，于医院通道处摸了第三人的臀部，构成猥亵。被告长宁公安分局综合原告违法行为的事实、性质、情节以及危害等，依据上述规定作出行政拘留七日的处罚决定，认定事实清楚，适用法律正确，裁量适当。被诉行政复议决定亦合法。上海铁路运输法院于 2020 年 5 月 15 日作出（2020）沪 7101 行初 167 号行政判决，驳回原告赵某的诉讼请求。

宣判后，双方当事人均未上诉，判决现已生效。

［评析］

治安管理中“猥亵”行为的认定及法律适用分析

猥亵行为具有一定的隐秘性，即使在公共场所的猥亵，举证予以证明也较为困难。本案系为数不多的进入行政诉讼的猥亵行政处罚案件。关于猥亵行为的构成和认定，法律并无明确的规定，审判实践中多结合日常生活常识认知予以判断，故是否构成猥亵以及如何处罚裁量争议较大。笔者结合本案，探讨猥亵行为的认定及处罚裁量的考量因素。

一、猥亵行为的认定要件

关于猥亵，仅在刑事和行政法律规范中有两个法律条文予以规定。刑法第二百三十七规定："以暴力、胁迫或者其他方法强制猥亵他人或者侮辱妇女的，处五年以下有期徒刑或者拘役。聚众或者在公共场所当众犯前款罪的，或者有其他恶劣情节的，处五年以上有期徒刑。猥亵儿童的，处五年以下有期徒刑；有下列情形之一的，处五年以上有期徒刑：（一）猥亵儿童多人或者多次的；（二）聚众猥亵儿童的，或者在公共场所当众猥亵儿童，情节恶劣的；（三）造成儿童伤害或者其他严重后果的；（四）猥亵手段恶劣或者有其他恶劣情节的。"治安管理处罚法第四十四条规定："猥亵他人的，或者在公共场所故意裸露身体，情节恶劣的，处五日以上十日以下拘留；猥亵智力残疾人、精神病人、不满十四周岁的人或者有其他严重情节的，处十日以上十五日以下拘留。"从上述规定看，无论刑事还是行政相关法律规定均未对猥亵行为明确界定。《现代汉语词典》（第7版）中对"猥亵"的释义是："①淫乱；下流的（言语或行为）：言辞猥亵。②做下流的动作：猥亵妇女。"上升到法律层面，结合刑事和行政审判，我们一般理解猥亵是以追求刺激或满足性欲为目的，违反妇女意志，对妇女进行亲吻、搂抱、舌舔、触摸等行为。笔者认为，在治安行政处罚案件的审理中，猥亵违法行为的认定应具备以下要件：一是行为人应具有猥亵的故意，即为了追求刺激或者满足性欲等；二是行为人实施了亲吻、搂抱、舌舔、触摸等行为；三是行为人的行为违反行为对象的意志。

本案中，原告诉称其为了恶作剧实施了用手触摸第三人臀部的行为，显然具有主观故意，并非无意为之，且该行为违背了第三人意志，故原告的行为构成猥亵。

二、猥亵行为的法律适用

本文仅就行政法律关系中猥亵行为的法律适用进行分析。治安管理处罚法第四十四条对于实施猥亵他人的违法行为，根据猥亵的对象和情节规定了不同的处罚幅度。对该条文的理解，有两种不同的观点：一是该条文要求猥亵他人情节恶劣的，处五日以上十日以下拘留；二是情节恶劣系对裸露身体行为的规定，并非针对猥亵行为。笔者赞同第二种观点，从以下三方面分析：

首先，从文义解释的角度看，该条文中“或者”连接的并列部分应为“猥亵他人的”和“在公共场所故意裸露身体，情节恶劣的”两部分，这样更符合汉语语法和文义。因此，上述法律条文从文义解释角度应理解为：猥亵他人的，处五日以上十日以下拘留，并非猥亵他人且情节恶劣的情况，才处五日以上十日以下拘留。

其次，从逻辑解释的角度看，该条文后半部分规定“猥亵智力残疾人、精神病人、不满十四周岁的人或者有其他严重情节的，处十日以上十五日以下拘留”，对于猥亵情节严重的情形另作了规定。从立法逻辑上看，前部分系对猥亵一般情节作以规定，后部分系对猥亵严重情节另作规定。因此，一般情节的猥亵，处五日以上十日以下拘留；若猥亵他人并有情节严重的，处十日以上十五日以下拘留。

最后，在治安管理实践中，上海市公安局制定的《关于对于部分违反治安管理行为实施处罚的裁量基准》分别对“猥亵”和“在公共场所故意裸露身体”制定了裁量基准。上述裁量基准的第六十三条针对猥亵，列举了“猥亵孕妇或老年人的”等六种属于“有其他严重情节”的情形；第六十四条针对“裸露身体”，列举了“引起群众围观、造成现场秩序混乱等危害后果或者较大社会影响的”等七种属于“情节恶劣”的情形。可见，在治安管理实践中，亦是将“情节恶劣”作为对裸露身体行为的考量，而非对猥亵行为处罚的要求。

本案中，原告主张猥亵他人情节恶劣的才处五日以上十日以下拘留，其情节轻微，不属于该条文调整范围，显然系对上述法律规定理解错误，故原告的行为属于治安管理处罚法第四十四条规定的调整范围。

三、猥亵处罚裁量的考量

本案中，原告主张其情节轻微且愿意向第三人道歉消除危害后果，应适用2017年行政处罚法第二十七条之规定，不予处罚。该条规定："当事人有下列情形之一的，应当依法从轻或者减轻行政处罚：（一）主动消除或者减轻违法行为危害后果的；（二）受他人胁迫有违法行为的；（三）配合行政机关查处违法行为有立功表现的；（四）其他依法从轻或者减轻行政处罚的。违法行为轻微并及时纠正，没有造成危害后果的，不予行政处罚。"猥亵处罚裁量能否适用上述规定减轻或免除处罚？首先，治安管理处罚法第四十四条对猥亵区分情节规定了不同的裁量幅度。情节严重的，如猥亵智力残疾人、精神病人、不满十四周岁的人或者有其他严重情节的，处十日以上十五日以下拘留。这里兜底的"其他严重情节"一般指猥亵孕妇或者老人、在公共场所猥亵他人、猥亵多人、结伙猥亵他人或者多次猥亵他人等情节。一般情节的猥亵，处五日以上十日以下拘留。除此，并未规定其他处罚种类和幅度。其次，猥亵行为本身一旦实施，违法后果便产生，一般不存在主动消除、减轻违法后果或者及时纠正的可能，受胁迫实施违法行为及有立功表现的情况也较为罕见，甚少符合2017年行政处罚法第二十七条之规定的从轻或者减轻或者不予处罚的情形。

本案中，原告猥亵行为地点在医院室外通道，是公共场所且是普遍意义上公众有安全感的地方。从现场视频视野范围内看，案发现场没有行人，但越是在无人之处，该行为给第三人造成的恐慌和危害越大，且原告猥亵对象不特定，故这种行为对治安的隐患和影响很大。考虑原告如实陈述、有悔改等情节，被告对原告处行政拘留七日的裁量适当。从社会价值导向角度考量，猥亵行为本身具有一定的隐秘性，且其中一部分行为快速短暂，即使发生在地铁、公交车等人员较多的公共场所，案发后查实也较为困难。本案对猥亵行为的处罚，能充分发挥行政处罚的警示教育意义。

《最新法律文件解读》丛书
稿　约

《最新法律文件解读》是一套以为最新法律规范提供同步“解读”为主的系列丛书，分为刑事、民事、商事、行政与执行4个分册，按月出版。

本丛书以“解读”为重点，突出全、专、新、快、准等特点，通过对最新出台的法律、法规、司法解释、部门规章以及重要地方性法规进行同步动态解读，弥补了法律、法规、司法解释汇编类出版物没有同步阐释、解读内容的不足，为广大读者学习理解最新法律规范，正确贯彻执行法律文件，及时解决实践中的新情况、新问题，提供一个全方位、多层面的法律信息平台。

欢迎您向以下栏目赐稿：

【最新法律文件解读】主要是对最新颁行的法律文件进行解读，帮助司法和执法人员正确理解法律文件的立法背景、意义、重点内容、在适用中应注意的问题、与相关法律文件的衔接与互动关系等。

【司法实务问题研究】主要刊登对司法理论、实务及司法管理工作中的热点、疑难问题进行研究及评论的文章。

【新类型疑难案例选评】主要是对司法和行政执法实践中具有典型性和代表性的疑难案例，结合具体案情以及审理或处理结果进行简练精辟的点评，解析认识问题的方法、处理问题的法律依据和在个案中的具体适用。

【法学前沿与新视点】以摘要的形式刊登相关法学理论研究的最新动态及具有代表性和典型性的前沿问题，扩展法学研究的深度和广度。

【法律适用问题解答】主要针对司法和行政执法实践中面临的新问题、热点问题、疑难问题进行简要的解答，指出涉及的法律关系，明确法律适用依据。

稿件一经刊用即付稿酬，稿酬从优。

《刑事法律文件解读》　杨晓燕　邮箱：5184621@qq.com

《民事法律文件解读》　丁丽娜　邮箱：dlnlaw@163.com

《商事法律文件解读》　路建华　邮箱：shangshijiedu@126.com

《行政与执行法律文件解读》　张　奎　邮箱：271717306@qq.com

人民法院出版社

《最新法律文件解读》丛书编辑部